KANA'S STANDARD for kids Ⅱ

スタイリスト佐藤かなが作る男の子にも女の子にも着せたい服

文化出版局

はじめに

　始まりの春、夏休みのワクワク感、静かな秋の夜長、凛とした冬の空気……、子どもと日々を過ごすようになってからは、四季の移り変りや年中行事をそれまで以上に意識するようになりました。「ハレ」と「ケ」を感じながら送る親子の毎日。そんな、折々のタイミングに寄り添うお洋服を手作りしてみてはいかがでしょうか。男の子にも女の子にも楽しんでいただける着こなしが満載です。お子さんの日常着にぜひお役立てください。

佐藤かな

CONTENTS

はじめに p.3

PATTERN A

前あきシャツ p.6

A-1
ノースリーブシャツ
p.7, 64

A-2
シャツワンピース
p.8, 58

A-3
パフスリーブシャツ
p.10, 65

A-4
半袖シャツ
p.11, 66

PATTERN B

タックパンツ p.20

B-1
ドット柄パンツ
p.21, 74

B-2
デニムパンツ
p.22, 75

B-3
コーデュロイショートパンツ
p.23, 70

B-4
サスペンダーパンツ
p.24, 76

PATTERN C

プルオーバー p.30

C-1
ヘンリーネックシャツ
p.31, 77

C-2
スモックブラウス
p.32, 80

C-3
ヘンリーネック半袖シャツ
p.34, 77

C-4
切替えワンピース
p.34, 82

PATTERN D

ストレートパンツ p.44

D-1
チェック柄ハーフパンツ
p.45, 86

D-2
インナーパンツつきスカート
p.46, 90

D-3
カーゴハーフパンツ
p.47, 89

D-4
チノパン
p.48, 86

A-5
フリル袖コンビネゾン
p.12, 68

A-6
白シャツ
p.14, 58

A-7
ギンガムチェックのワンピース
p.16, 67

B-5
ベルトループつきハーフパンツ
p.26, 70

C-5
ポケットつきブラウス
p.36, 81

C-6
フリル袖のワンピース
p.38, 84

C-7
フリル衿のワンピース
p.40, 85

D-5
サロペットパンツ
p.50, 92

D-6
ベルトつきショートパンツ
p.52, 91

作った服で楽しむ！
コーディネート実例

A 前あきシャツトップス
..... p.18

B タックパンツ
..... p.28

C プルオーバー
..... p.42

D ストレートパンツ
..... p.54

how to make p.57

PATTERN A

前あきシャツ

スタンダードなシャツは、手間は少しかかりますが、一度作り方をマスターしてしまえば布地や形のアレンジで普段着からフォーマル服まで応用がききます。でき上がった時の達成感もひとしお。手作り服の幅もぐんと広がります。

<u>1</u>　<u>2</u>　<u>3</u>　<u>4</u>　<u>5</u>　<u>6</u>　<u>7</u>

A-1

ノースリーブシャツ

リバティプリントの上品な小花柄を使ったノースリーブシャツ。衿も女の子らしく丸衿にアレンジ。夏の普段着に1枚どうぞ。

how to make --> p.64

A-2

シャツワンピース

着丈を長くしてシャツワンピースに仕立てました。きりっとしたストライプの布地でハンサムな印象に。1枚着るだけでさまになります。

how to make --> p.58

A-3

パフスリーブシャツ

袖をふっくらしたパフスリーブにアレンジしました。パイピングもポイントです。布地とパイピングの組合せを考えるのも楽しいですね。

how to make --> p.65

A-4

半袖シャツ

大きなチェック柄のシャツは、綿麻の布地を使ってかっちりしすぎずカジュアルに。通気性も抜群なので暑い夏にも涼しく着られておすすめです。

how to make --> p.66

A-5

フリル袖コンビネゾン

パターンDのパンツをショート丈にしてドッキングすれば、コンビネゾンの出来上りです。肩にはフリルの袖をつけて女の子らしく仕上げました。

how to make --> p.68

A-6

白シャツ

基本の白シャツは、男の子にも女の子にも1枚は欲しい便利なアイテム。カジュアルにもフォーマルにも幅広く使えます。

how to make --> p.58

A-7

ギンガムチェックのワンピース

外国の子どもの制服をイメージしたワンピースです。スカート部分にはギャザーをたっぷり寄せてシルエットもかわいらしく。

how to make --> p.67

作った服で楽しむ！コーディネート実例

PATTERN A

前あきのシャツパターンは
ボタンをあけたりとめたりしてレイアードに最適。
体温調節にも役立つので
ワードローブに常備しておきたいアイテムです。

STYLE 3 きれいめスタイルでおでかけ♪

STYLE 1

STYLE 2 boyish style

STYLE 4 FOR BOYS スウェットパンツでカジュアルに

STYLE 1
女の子らしさあふれる花柄ブラウスをカジュアルにスタイリング。肩からかけたビビッドな青いカーディガンで差し色をプラスして、元気で活動的なイメージに。

STYLE 2
シャツワンピースのボタンをすべてあけ、ガウンのようにはおれば印象が変わります。パンツとのレイアードで大人っぽく、ベースボールキャップでこなれ感も。

STYLE 3
しっとりつやのあるプリーツスカートでお行儀のよいお嬢さんスタイルに。ちょっとしたお呼ばれや食事会にもぴったり。カーディガンを合わせて秋口にも使えます。

STYLE 4
発色のよいダウンベストとスウェットパンツでリラックス感のあるカジュアルコーディネートに。足もとはベーシックカラーのスニーカーで色のバランスをとって。

STYLE 5
ハイネックトップスを中に重ね着して秋〜冬の着こなしに。フェザー刺繍がかわいいショルダーバッグとフリンジブーツを合わせれば、フォークロアスタイルの完成。

STYLE 6
シックなサロペットスカートのインナーに白シャツを合わせたきちんと感のあるお出かけスタイル。ネコの顔がついたキュートな靴で子どもらしいコーディネートに。

STYLE 7
ジャケット＆パンツのセットアップは大人も顔負けのおめかし仕様。卒園式や入学式、結婚式などのオケージョンシーンにもぜひ。ヘアスタイルもバッチリ決めて！

STYLE 8
ワンピースの上にスウェットをレイアード。ガーリーなワンピースもボーイッシュアイテムとMIXすると印象が変わります。ニットのプルオーバーやカーディガンも◎。

PATTERN B

タックパンツ

ツータックを入れたパンツは、お尻回りにほどよいゆとりがあって動きやすく、男の子はもちろん、女の子にも使いやすい万能アイテム。ウエストがすっきり見えるので、布地の選び方しだいでかっちりした場面にも対応できるパンツになります。

1

2

3

4

5

B-1

ドット柄パンツ

クロップト丈にアレンジしたパンツは、リネンのドット柄をセレクト。じゃぶじゃぶ洗えてすぐ乾くので、夏の日常着におすすめです。

how to make --> p.74

B-2

デニムパンツ

フルレングスのパンツは定番のデニム素材で。タック入りのすっきりした作りなので、きちんと感も出せるデニムパンツです。

how to make --> p.75

B-3

コーデュロイショートパンツ

きれいなラベンダー色のコーデュロイで
仕上げたガーリーなショートパンツです。
薄手なのでオールシーズン着られます。

how to make --> p.70

B-4

サスペンダーパンツ

桜餅のような優しいピンクのリネン素材を使って仕上げたガーリーアイテムです。肩につけたフリルが、女の子らしさをよりいっそう引き立てます。

how to make --> p.76

B-5

ベルトループつきハーフパンツ

ファスナーで前あきにしてベルトループをつければ、既製品にも引けを取らない本格的な仕上りに。フォーマルシーンにもどうぞ。

how to make --> p.70

作った服で楽しむ！
コーディネート実例

PATTERN B

ユニセックスなアイテムのパンツで、
男の子も女の子も幅広い着こなしを一年中楽しんで。
布地の素材や色、形を変えて
ぜひ何着か作ってみてくださいね。

STYLE 1
STYLE 2 — 上品パンプスで大人顔にチェンジ
STYLE 3 — FOR BOYS
STYLE 4 — おませなリゾートスタイルの完成！
french casual !

STYLE 1
明るいブルーのボーダーを合わせたフレンチカジュアルに挑戦。真っ白なレースアップシューズがコーディネートの決め手になっています。ベレーを合わせても◎。

STYLE 2
夏の太陽にも負けないような鮮やかな青色トップスを効かせた着こなし。ディテールの凝ったバレエシューズを合わせれば、シンプルコーデを一気に格上げ。

STYLE 3
トップスに清潔感のある白いポロシャツを選んだ、お行儀のよいトラディショナルなスタイル。リュックと靴に明るい色を配置して子どもらしく活発な印象もプラス。

STYLE 4
着るだけで元気が出そうな、カナリアイエローのトップスを主役にしたスタイル。かごバッグやサンダルなどの小物使いが映えるシンプルコーディネートです。

STYLE 5
すっきりしたデザインの模様が入ったニットと合わせれば落ち着いた印象に。明るい色の靴がアクセントになっています。冬にはダッフルコートをはおってもかわいい。

STYLE 6
ボリュームのあるフェイクファーのベストはコンパクトなショートパンツと好相性。足もとにはブーツを合わせて全体のシルエットのバランスを取れば完成です。

STYLE 7
きれいめパンツも、ポップなイラスト入りパーカーでカジュアルダウン。程よく力の抜けた普段着のおしゃれに使えます。靴のソールの白が全体のバランス調整役に。

STYLE 8
ふんわりまるみのあるシルエットが愛らしいバルーンワンピース。ノースリーブとサンダルでリゾート感のある装いになりました。ショルダーバッグもアクセントに。

PATTERN C

プルオーバー

丸首のプルオーバーシャツは身頃をたっぷりさせてリラックスしたシルエットになっています。基本形がシンプルなのでアレンジしがいのある一着。布地や形で様々な表情を楽しめる変幻自在のパターンです。

1　2　3　4　5　6　7

C-1

ヘンリーネックシャツ

ビンテージ古着のような風合いをイメージしたヘンリーネックシャツです。肌なじみのよい淡いベージュのリネンを使って作りました。

how to make --> p.77

C-2

スモックブラウス

胸に切替えを配して身頃にギャザーを寄せました。明るくかわいらしいピンク色のインド綿で仕上げたエスニックな雰囲気の1枚です。

how to make --> p.80

C-3

ヘンリーネック半袖シャツ

目の詰まった高密度のコットンは紺×白のストライプをチョイス。張りのある布地なのできりっとした印象に仕上がりました。

how to make --> p.77

C-4

切替えワンピース

スカート部分にギャザーを寄せて切り替えてウエストのゴムでブラウジングして着るワンピースです。黒い玉レースも効いています。

how to make --> p.82

C-5

ポケットつきブラウス

半袖にしてポケットをつけただけの簡単なアレンジです。ごくごくシンプルなパターンですが、上質なコットンを選んだのでさまになっています。

how to make --> p.81

C-6

フリル袖のワンピース

抽象柄のダブルガーゼで作ったワンピースです。ウエストのベルトは前で結んでも後ろで結んでもかわいい2WAY仕様。

how to make --> p.84

C-7

フリル衿のワンピース

淡い流れ星のようなリバティプリントを使った
さわやかなワンピース。バイアスにとった布地
を挟み込むだけなので衿つけも簡単です。

how to make --> p.85

作った服で楽しむ！
コーディネート実例

PATTERN C

ゆったりシルエットのパターンで、抜け感のある旬顔コーディネートにおすすめのアイテムです。少しのアレンジでも印象がガラリと変わります。

STYLE 1 — 黒を重ねてシックなレディに変身

STYLE 3 — 小物で女子度アップを忘れずに

STYLE 4 — FOR BOYS / with knit cap

STYLE 1
マスタード×黒のコントラストを効かせたコーディネート。小物もすべて黒でまとめて統一感を出しました。大人もまねしたくなるようなシックな着こなしです。

STYLE 2
薄手のインド綿はかさばらずしわも気にならないので、旅行にも最適。すぐ乾くので夏の行楽や水遊びのお供にもぜひ。エスニック柄でリゾート気分も盛り上がります。

STYLE 3
ボーイッシュな要素の強いトップスですが質感のあるスカートと合わせれば女の子のおめかしスタイルに大変身。バッグと靴でガーリーな味つけを加えれば完璧です。

STYLE 4
大胆な花柄のハーフパンツを合わせた、リラックス感漂うコーディネートです。ニットキャップをプラスしておしゃれ度アップ。靴は白を選んで清潔感を出して。

STYLE 5
凛としたトレンチコートをはおって秋の装いに。カラータイツを合わせて差し色にするのもおすすめです。靴をスニーカーに変えてもまた違った雰囲気を楽しめて◎。

STYLE 6
チノ素材のショートパンツできれいめカジュアルに。白ソックス×スポーツサンダルの合せ技で洗練された抜け感を演出。リュックの赤がアクセントにぴったり。

STYLE 7
ほどよい脱力感を醸し出すゆるコーデ。素足で履くローテクスニーカーもよいさじ加減。カモフラージュ柄の辛口バッグがスパイスになって全体を引き締めています。

STYLE 8
同系色のプリーツスカートを裾からチラリと見せたレイアードスタイル。白のレースアップシューズを合わせてすっきりと上品な印象にまとめました。

PATTERN D

ストレートパンツ

ウエスト全部にぐるりとゴムを入れたパンツは着替えも楽で子どものストレスもありません。前あき風の仕様になっておりポケットもついているので部屋着感はなく、おしゃれを存分に楽しめるパンツにでき上がりました。

<u>1</u>

<u>2</u>

<u>3</u>

<u>4</u>

<u>5</u>

<u>6</u>

D-1

チェック柄ハーフパンツ

はっきりしたチェック柄が小さな男の子に
よく似合うパンツです。トップスしだいで
トラッドにもカジュアルにも着回せます。

how to make --> p.86

D-2

インナーパンツつきスカート

ボリュームたっぷりのスカートとインナーパンツをセットにしたアイテムです。スカートとパンツで布地を変えてもかわいいと思います。

how to make --> p.90

D-3

カーゴハーフパンツ

サイドにもポケットをつけたカーゴパンツです。外遊びが大好きなやんちゃな男の子の毎日の普段着に。中厚手の丈夫な布地で作ってみてください。

how to make --> p.89

D-4

チノパン

一年中着られる定番パンツを手作りしてみてはいかがでしょうか。男の子も女の子もいろいろなシーンで着回せるお役立ちアイテムです。

how to make --> p.86

D-5

サロペットパンツ

ガウチョパンツのように幅を広げて、胸当てとサスペンダーをつけたアレンジです。1枚あると着こなしの幅が広がり、毎日のおしゃれが楽しくなります。

how to make --> p.92

D-6

ベルトつきショートパンツ

バックルベルトを飾りでつけたアウトドア風パンツです。今回はきれいな色味のコーデュロイで作りましたが、布地を変えても楽しめそうですね。

how to make --> p.91

作った服で楽しむ！
コーディネート実例

PATTERN D

ウエストゴムのパンツは動きやすいので
アクティブな子どもの必需品です。
色違い、素材違いでたくさん作って
毎日のコーディネートにぜひ役立ててください。

STYLE 1 — 真っ赤なサンダルで女子度UP
STYLE 2 — adult like !
STYLE 3 — FOR BOYS / It's cool !
STYLE 4 — ポップな着こなしで夏は陽気に♪

STYLE 1
ボーイズアイテムのカーゴパンツを女の子にも。エアリーなギャザートップスとの甘辛コーディネートで。カーディガンと靴で色味をプラスして女の子らしさアップ。

STYLE 2
同系色のボーダートップスをインに合わせた秋らしいシックな装いです。ボリュームのあるファーの帽子で個性を出して。赤いエナメルのバレエシューズもキュート。

STYLE 3
シンプルなVネックカーディガンを合わせてクリーンなイメージに。パンツの柄とリンクした青いTシャツもアクセントになっています。ひも靴で全体を引き締めて。

STYLE 4
大きなドット柄のトップスで遊び心のあるスタイルに。元気な赤いスカートにもマッチするポップなアイテムです。足もとはシルバーの靴でお友達にも差をつけて。

STYLE 5
ロゴT+パンツでラフにまとめたストリートカジュアル。デニムの帽子でシンプルなコーディネートが一気にまとまります。日よけもばっちりで外遊びにも最適。

STYLE 6
ベージュ×キャメルのワントーンコーデはレースの衿がポイント。素材感を足すことでぼんやりした印象になりません。靴も白でリンクさせて色のバランスをとって。

STYLE 7
オーセンティックなダッフルコートで冬の着こなしに。トップスも赤で統一すれば、チラ見えでもかわいい。温かみのあるファーのブーツで冬のお出かけも楽しく。

STYLE 8
Tシャツの黄色が差し色になったアクティブな装い。足もとはもちろんスニーカーで動きやすく。子どものお出かけに活躍するリュックはきれいなブルーをチョイス。

この本を通して、お裁縫に少しでも興味を
持っていただけたらうれしいです。そして、
手作りのお洋服で男の子にも女の子にも毎
日のおしゃれを楽しんでもらえますように。

how to make

●出来上り寸法（100／110／120／130／140 サイズ）

PATTERN A 前あきシャツ

バスト…76.2cm／80.2cm／84.2cm／88.2cm／92.2cm

1,3,4,6　着丈…42cm／45cm／48cm／51cm／55cm

2　着丈…57.4cm／62.4cm／67.4cm／72.4cm／78.8cm

5　身頃丈…37.3cm／40.3cm／43.3cm／46.3cm／49.3cm
　　パンツ丈…21.6cm／22.6cm／23.6cm／24.6cm／25.6cm

7　着丈…58.2cm／63.2cm／68.2cm／73.2cm／79.7cm

PATTERN B タックパンツ

ウエスト（仕上り）…約 45cm／49cm／53cm／57cm／61cm

ウエスト（最大）…65cm／69cm／73cm／77cm／81cm

ヒップ…76cm／80cm／84cm／88cm／92cm

1　パンツ丈…43.5cm／49cm／54.5cm／60cm／65.5cm

2,4　パンツ丈…52cm／59cm／66cm／73cm／80cm

3　パンツ丈…22cm／24cm／26cm／28cm／30cm

5　パンツ丈…31cm／35cm／39cm／43cm／47cm

PATTERN C プルオーバー

バスト…78cm／82cm／86cm／90cm／94cm

1,3　着丈…41cm／44cm／47cm／50cm／54cm

2　着丈…41.8cm／44.8cm／47.8cm／50.8cm／54.8cm

4　着丈…56.8cm／61.8cm／66.8cm／71.8cm／77.8cm

5　着丈…40cm／43cm／46cm／49cm／53cm

6　着丈…53cm／58cm／63cm／68cm／74cm

7　着丈…57cm／62cm／67cm／72cm／78.5cm

PATTERN D ストレートパンツ

ウエスト（仕上り）…約 45cm／49cm／53cm／57cm／61cm

ウエスト（最大）…68cm／72cm／76cm／80cm／84cm

ヒップ…73cm／77cm／81cm／85cm／89cm

1　パンツ丈…29cm／33cm／37cm／41cm／45cm

2　パンツ丈…22.6cm／23.6cm／24.6cm／25.6cm／26.6cm
　　スカート丈…26cm／28.5cm／31cm／33.5cm／36cm

3　パンツ丈…31.6cm／35.6cm／39.6cm／43.6cm／47.6cm

4　パンツ丈…52.4cm／59.4cm／66.4cm／73.4cm／80.4cm

5　パンツ丈…42.1cm／47.6cm／53.1cm／58.6cm／64.1cm

6　パンツ丈…27.6cm／31.6cm／35.6cm／39.6cm／43.6cm

●参考寸法（100／110／120／130／140 サイズ）

バスト…54cm／57cm／60cm／64cm／70cm

ウエスト…51cm／53cm／54cm／56cm／60cm

ヒップ…57cm／60cm／63cm／70cm／75cm

参考年齢…3.5歳／5.5歳／6.5歳／8.5歳／10.5歳

男の子110cmと女の子111cmのモデルが110サイズの作品を着用。

●実物大パターンについて

付録の実物大パターンは縫い代つきです。
内側のグレーの線が出来上り線、外側の赤い線が縫い代つきの線になっています。
縫い代つきパターンの便利なところは、裁断の時に縫い代をはかって布に印をつける手間がないこと。
また、チョークペーパーなどで出来上り線の印つけはせずに、布端から指定の寸法で縫う（例えば1cmの縫い代なら、布端から1cm内側を縫う）方法を使います。そのために縫い合せに必要な合い印は、ノッチ（下記参照）を入れて印にします。わになっている中心は、縫い代の角を斜めに切って合い印にします。
好みの縫い代幅にしたいときや、縫い代つきパターンに慣れていなくて不安な場合は、内側の出来上り線（グレーの線）でパターンを写し取り、裁合せ図の指定の縫い代をつけて裁断してから、出来上りの印をつけます。

●裁合せ図について

各作品の裁合せ図は、110 サイズのパターンで配置しています。
大きいサイズの場合は、同じ配置ができない可能性もあるため、材料の使用量が多くなっています。

●縫い代つきパターンを使う場合－布の裁ち方

この本のパターンは縫い代つきですので、赤い線を写し取ると、内側に縫い代（寸法は各裁合せ図を参照）が含まれています。布の上にパターンを置いたら、パターンの紙端にそって布を裁ちます。

●縫い代つきパターンを使う場合－印つけ

出来上り線での印つけはせずに、布端から指定の寸法で縫う（例えば1cmの縫い代なら、布端から1cm内側を縫う）方法を使います。そのために縫い合せに必要な合い印は、位置の布端をパターンごと切込み（洋裁用語ではノッチ）を入れて印にします。わになっている中心は、縫い代の角を斜めに切って合い印に。印をつけ終わった後、パターンをはずします。なおダーツやタック、ポケット位置などの縫い代より内側につける印は、織り糸を切らないように目打ちで小さく穴をあけるか、水で消せる印つけ用のペンなどで書いておきます。

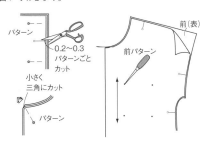

A-6 白シャツ
--> p.14

A-2 シャツワンピース
--> p.8

● 必要なパターン（実物大パターン A 面）
前、後ろ、ヨーク、袖、上衿、台衿、胸ポケット、カフス、短冊布、持出し布

● 材料（100／110／120／130／140 サイズ）

A-6 白シャツ
表布（綿ブロード）110cm幅 1.2m／1.3m／1.4m／1.5m／1.6m
薄手接着芯（前見返し、上衿、台衿、カフス、短冊布、持出し布分）90cm幅 40cm／50cm／50cm／50cm／60cm
ボタン直径1.1cmを8個

A-2 シャツワンピース
表布（コットンストライプ）110cm幅 1.5m／1.6m／1.7m／1.8m／1.9m
薄手接着芯（前見返し、上衿、台衿、カフス、短冊布、持出し布分）90cm幅 60cm／60cm／70cm／80cm／80cm
ボタン直径1.1cmを10個

● 縫う前の準備
・前見返し、上衿、台衿、カフス、短冊布、持出し布の裏面に接着芯をはる
・胸ポケット口をアイロンで三つ折りにする

● 縫い方
① 胸ポケットを作ってつける（→ p.59）
② 前端を始末する（→ p.59）
③ 後ろ身頃のタックをたたんで、ヨークをつける（→ p.59）
④ 前身頃にヨークをつける（→ p.60）
⑤ 衿を作る（→ p.60）
⑥ 衿をつける（→ p.61）
⑦ 袖口あきを作る（→ p.61）
⑧ 袖を身頃につける（→ p.62）
⑨ 袖下と脇を続けて縫う（→ p.62）
⑩ 袖口のタックをたたんで、カフスをつける（→ p.63）
⑪ 裾を三つ折りにして縫う（A-6 → p.63）
⑫ ボタンホールを作って（→ p.95）、ボタンをつける

● 裁合せ図

A-6

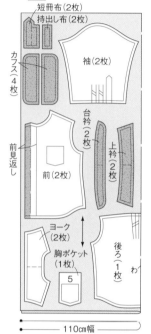

A-2

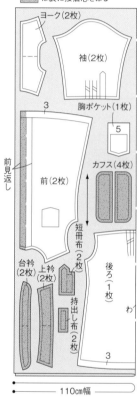

● 縫う前の準備

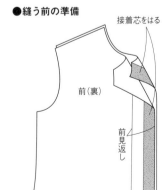

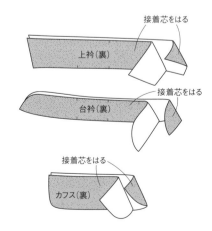

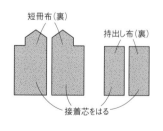

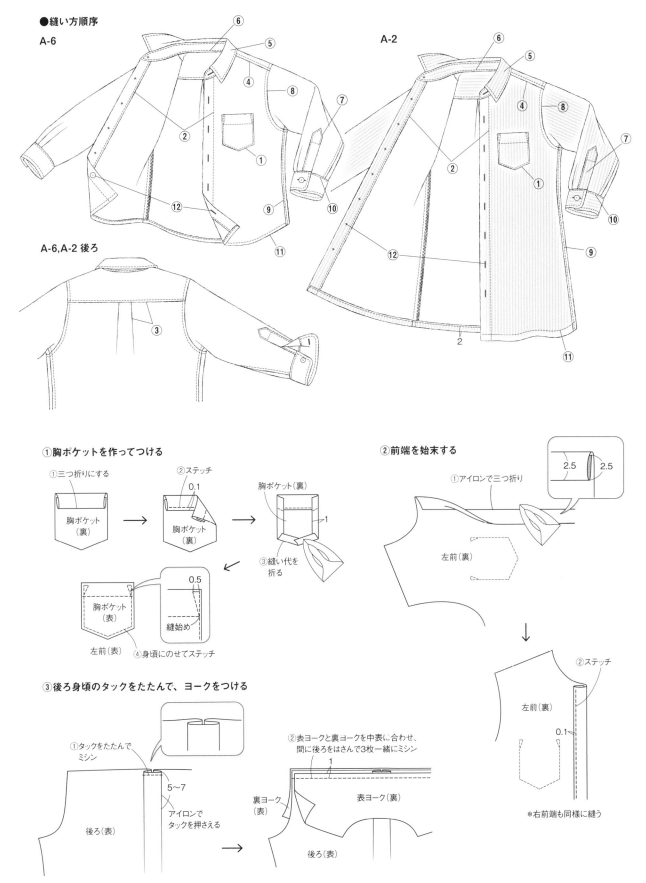

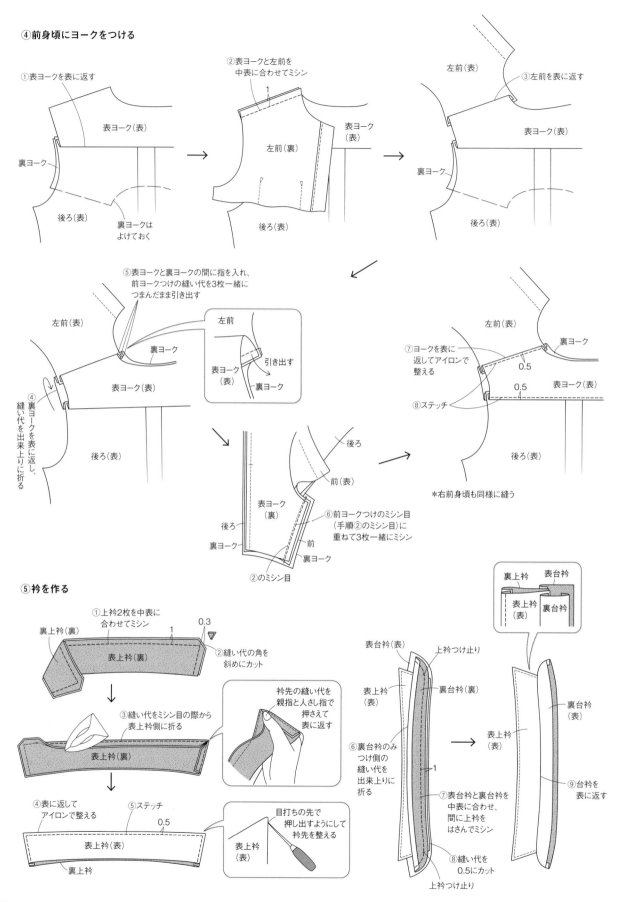

⑥衿をつける

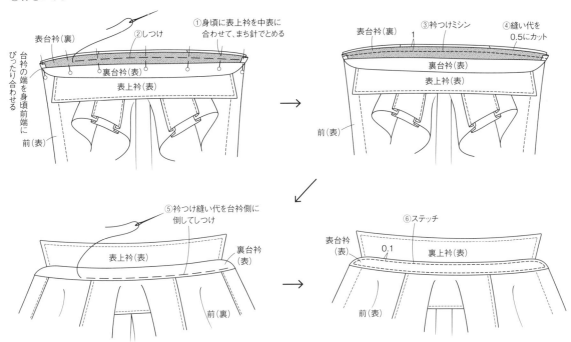

⑦袖口あきを作る

*ここでの作り方は左袖です。右袖は左右対称につけます

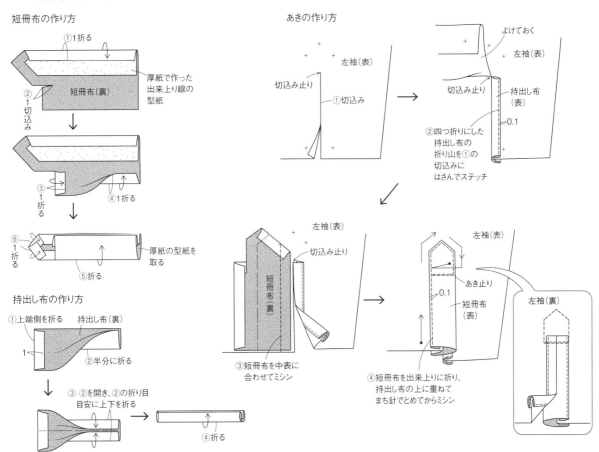

⑧袖を身頃につける

①身頃と袖を中表に合わせて合い印どうしをまち針でとめる

⑨袖下と脇を続けて縫う

①前後の袖下、脇を中表に合わせて、袖下と脇を続けてミシン

②縫い代に前側を見ながら2枚一緒にジグザグミシン

③縫い代を後ろ側に倒す

④袖下と脇を続けてステッチ

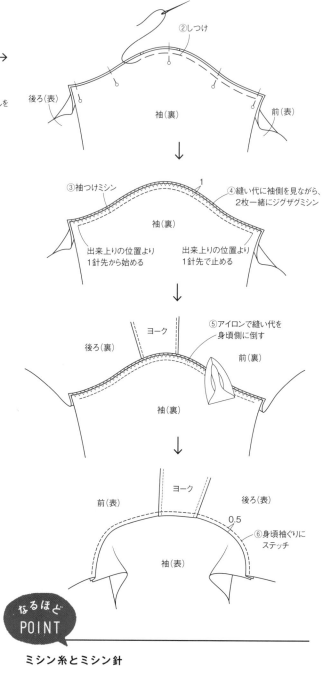

②しつけ
③袖つけミシン
④縫い代に袖側を見ながら、2枚一緒にジグザグミシン
出来上りの位置より1針先から始める
出来上りの位置より1針先で止める
⑤アイロンで縫い代を身頃側に倒す
⑥身頃袖ぐりにステッチ

なるほどPOINT

ミシン糸とミシン針

布に合わせて選びます

きれいな縫い目に仕上げるため、ミシン糸とミシン針は布地の厚さや素材に合わせて相性のいい太さを選びます。次の例を参考にして使い分けてみましょう。ミシン糸は、たいていの布に使えるポリエステルミシン糸「シャッペスパン」が丈夫で布地とのなじみがいいのでおすすめ。
薄手の布（綿ローン、ポリエステル）には90番のミシン糸と9番ミシン針を使いますが、子ども服が作りやすい普通の布（リネン、コットン、ウール）には60番のミシン糸と11番ミシン針を使います。

色数の多い柄物のミシン糸の選び方

縫い目が目立たないように布と同じ色目のものを選ぶのが基本ですが、柄物は中で多くつかわれている色を。購入するときは、売り場にある見本帳の糸1本を布にのせて、なじむ色を選びます。

⑩ 袖口のタックをたたんで、カフスをつける

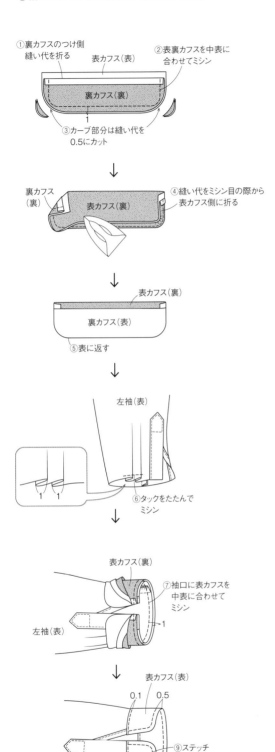

⑪ 裾を三つ折りにして縫う

A-6の場合

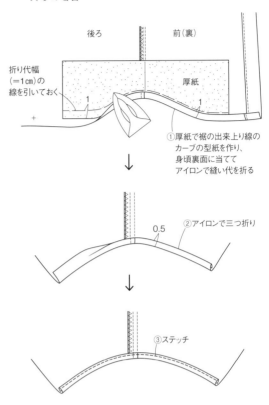

> なるほど POINT

接着芯の裁ち方とはり方

衿や見返しなどのしっかりと仕上げたいパーツには接着芯をはります。はる前には表布の表裏、接着芯のしわなどをチェックしておきます。

裁ち方 接着芯の上にパターンを置いてまち針でとめ、パターンの紙端にそって裁つ

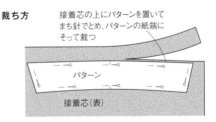

はり方

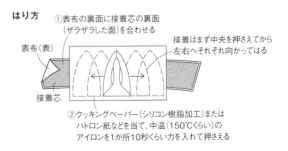

① 表布の裏面に接着芯の裏面（ザラザラした面）を合わせる

接着はまず中央を押さえてから左右へそれぞれ向かってはる

② クッキングペーパー（シリコン樹脂加工）またはハトロン紙などを当て、中温（150℃くらい）のアイロンを1か所10秒くらい力を入れて押さえる

A-1 ノースリーブシャツ
→ p.7

●必要なパターン（実物大パターンA面）
前、後ろ、ヨーク、上衿、台衿、胸ポケット
・袖ぐり用バイアステープは、裁合せ図で示した寸法を直接布地にしるして裁つ

●材料（100／110／120／130／140 サイズ）
表布（綿ローン）110cm幅 1m／1m／1.1m／1.1m／1.2m
薄手接着芯（前見返し、上衿、台衿分）90cm幅 40cm／50cm／50cm／50cm／60cm
ボタン直径1.1cmを6個

●縫う前の準備
・前見返し、上衿、台衿の裏面に接着芯をはる
・胸ポケット口をアイロンで三つ折りにする

●縫い方
① 胸ポケットを作ってつける（→ p.59）
② 前端を始末する（→ p.59）
③ 後ろ身頃のタックをたたんで、ヨークをつける（→ p.59）
④ 前身頃にヨークをつける（→ p.60）
⑤ 衿を作る（→ p.60＋p.68）
⑥ 衿をつける（→ p.61）
⑦ 脇を縫う
⑧ 袖ぐりをバイアステープで始末する（→ p.64）
⑨ 裾を三つ折りにして縫う（→ p.63）
⑩ ボタンホールを作って（→ p.95）、ボタンをつける

●縫い方順序

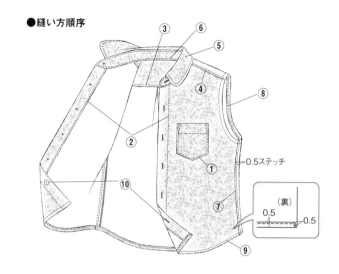

⑧袖ぐりをバイアステープで始末する

バイアステープの作り方

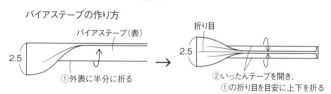

●裁合せ図

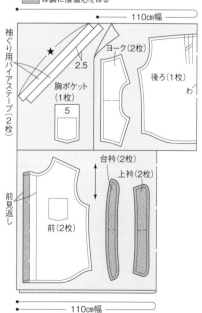

★＝35.5／37.5／39.5／41.5／43.5

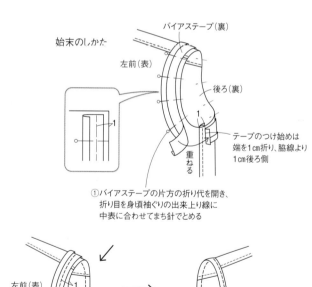

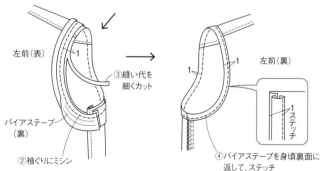

A-3 パフスリーブシャツ
--> p.10

● **必要なパターン（実物大パターン A 面）**
前、後ろ、ヨーク、袖、上衿、台衿、胸ポケット、カフス

● **材料（100 ／ 110 ／ 120 ／ 130 ／ 140 サイズ）**
表布（綿ブロード）110㎝幅 1m／1.1m／1.2m／1.3m／1.4m
薄手接着芯（前立て、上衿、台衿分）90㎝幅 40㎝／50㎝／50㎝／50㎝／60㎝
コードパイピングテープ 1㎝幅を 1.8m／1.9m／2m／2.1m／2.2m
ボタン直径 1.1㎝を 6 個

● **袖パターンの切開き方と置き方**
パターンの切開き線をカットし、布の上に指定寸法だけ平行にあけて置く。離れた部分の線はつなげておく

● **縫う前の準備**
・前立ては表面に、上衿、台衿は裏面に接着芯をはる

● **縫い方**
①胸ポケットを作ってつける
②前端を始末する（→ p.65）
③後ろ身頃のタックをたたんで、ヨークをつける（→ p.59）
④前身頃にヨークをつける（→ p.60）
⑤衿を作る
⑥衿をつける（→ p.61）
⑦袖山にギャザーを寄せて、身頃につける
⑧袖下と脇を続けて縫う（→ p.62）
⑨袖口にギャザーを寄せて、カフスをつける（→ p.65）
⑩裾を三つ折りにして縫う（→ p.63）
⑪ボタンホールを作って（→ p.95）、ボタンをつける

● **縫い方順序**

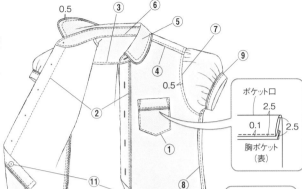

● **裁合せ図**
＊指定以外の縫い代は1㎝
■は裏に接着芯をはる

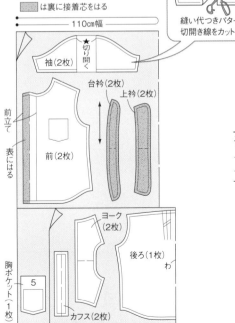

★＝6.4／7／7.6／8.2／8.8

② **前端を始末する**

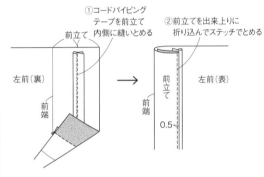

⑨ **袖口にギャザーを寄せて、カフスをつける**
＊袖口は輪になっていますが、わかりやすいように平らな状態にして説明しています

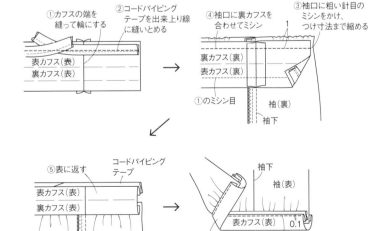

A-4 半袖シャツ
→ p.11

●必要なパターン（実物大パターンA面）
前、後ろ、ヨーク、袖、上衿、台衿、胸ポケット

●材料（100／110／120／130／140サイズ）
表布（綿麻のチェック）112cm幅 1m／1.1m／1.2m／1.2m／1.3m
薄手接着芯（前見返し、上衿、台衿分）90cm幅 40cm／50cm／50cm／50cm／60cm
ボタン直径1.1cmを6個

●縫う前の準備
・前見返し、上衿、台衿の裏面に接着芯をはる
・袖口、胸ポケット口をアイロンで三つ折りにする

●縫い方
① 胸ポケットを作ってつける（→p.59）
② 前端を始末する（→p.59）
③ 後ろ身頃のタックをたたんで、ヨークをつける（→p.59）
④ 前身頃にヨークをつける（→p.60）
⑤ 衿を作る（→p.60）
⑥ 衿をつける（→p.61）
⑦ 袖を身頃につける（→p.62）
⑧ 袖下と脇を続けて縫う（→p.67）
⑨ 袖口を三つ折りにして縫う（→p.67）
⑩ 裾を三つ折りにして縫う（→p.63）
⑪ ボタンホールを作って（→p.95）、ボタンをつける

●裁ち方ポイント
身頃の柄合せは前後中心線、袖ぐり底で柄がうまくつながるようにパターンの配置を決めます。ポケットは身頃つけ位置と同じ柄で合わせる方法と、意図的にずらしたり、バイアス裁ちにしてポイントにする方法があります。布を2枚重ねで裁つ場合は、上下の布の柄がずれないように合わせてからパターンを置きます。また無地や小さな柄のものより、使用量が多く必要になるので注意しましょう。

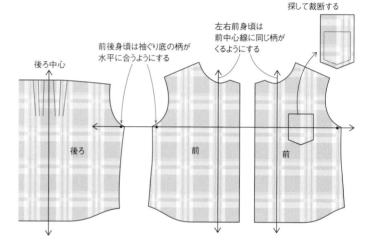

●縫い方順序

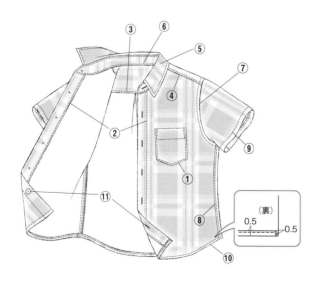

●裁合せ図
＊指定以外の縫い代は1cm
■は裏に接着芯をはる

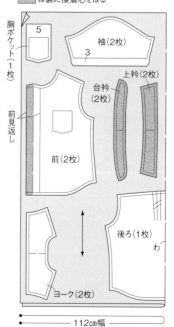

A-7 ギンガムチェックのワンピース
--> p.16

● **必要なパターン（実物大パターンA面）**
前、後ろ、ヨーク、袖、上衿、台衿、胸ポケット、
前後スカート、袋布

● **材料（100 / 110 / 120 / 130 / 140サイズ）**
表布（コットンギンガムチェック）110cm幅 1.7m / 1.8m /
1.9m / 2m / 2.1m
薄手接着芯（前見返し、上衿、台衿分）90cm幅 40cm
接着テープ（右前ポケット口分）1.5cm幅を15cm
ボタン直径1.1cmを4個

● **縫う前の準備**
・前見返し、上衿、台衿の裏面に接着芯をはる
・スカート右前ポケット口の縫い代裏面に接着テープをはる
・スカートの脇、袋布の脇の縫い代に布の表面から
　ジグザグミシンをかける
・裾、袖口、胸ポケット口をアイロンで三つ折りにする

● **縫い方**
① 胸ポケットを作ってつける（→p.59）
② 前端を始末する（→p.59）
③ 後ろ身頃のタックをたたんで、ヨークをつける（→p.59）
④ 前身頃にヨークをつける（→p.60）
⑤ 衿を作る（→p.60）
⑥ 衿をつける（→p.61）
⑦ 袖を身頃につける（→p.62）
⑧ 袖下と脇を続けて縫う（→p.67）
⑨ 袖口を三つ折りにして縫う（→p.67）
⑩ ボタンホールを作って（→p.95）、ボタンをつける
⑪ スカートの脇を縫って、右脇にポケットを作る（→p.83）
⑫ スカートの裾を三つ折りにして縫う
⑬ スカートにギャザーを寄せて、身頃につける（→p.80）

● **縫い方順序**

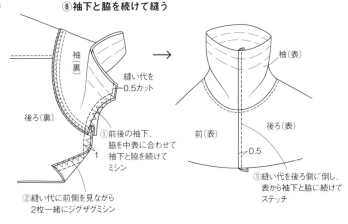

● **裁合せ図**

※指定以外の縫い代は1cm
■ は裏に接着芯・接着テープをはる

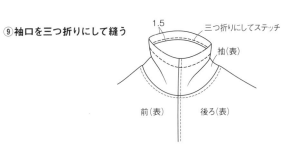

A-5 フリル袖コンビネゾン
--> p.12

●必要なパターン（実物大パターン A,B,D 面）
A 面…前、後ろ、ヨーク、フリル、上衿、台衿、胸ポケット、ベルト　B 面…袋布、脇布　D 面…前パンツ、後ろパンツ、後ろポケット
・袖ぐり用バイアステープは、裁合せ図で示した寸法を直接布地にしるして裁つ

●材料（100／110／120／130／140 サイズ）
表布（綿麻のダンガリー）110cm幅 1.7m／1.8m／1.9m／2m／2.1m
薄手接着芯（前見返し、上衿、台衿分）90cm幅 40cm
接着テープ（前ポケット口分）1.5cm幅を30cm
ゴムテープ 3cm幅を46cm／50cm／54cm／58cm／62cm
ボタン直径 1.1cm を 5 個

●縫う前の準備
・前見返し、上衿、台衿の裏面に接着芯をはる
・パンツの前ポケット口の縫い代裏面に接着テープをはる
・股下の縫い代に布の表面からジグザグミシンをかける
・パンツの裾、胸ポケット口、後ろポケット口をアイロンで三つ折りにする

●縫い方
① 胸ポケットを作ってつける（→p.59）
② 前端を始末する（→p.59）
③ 後ろ身頃のタックをたたんで、ヨークをつける（→p.59）
④ 前身頃にヨークをつける（→p.60）
⑤ 衿を作る（→p.60+p.68）
⑥ 衿をつける（→p.61）
⑦ フリルを作ってギャザーを寄せ、身頃に仮どめする（→p.69）
⑧ 身頃の脇を縫う
⑨ 袖ぐりをバイアステープで始末する（→p.64）
⑩ ボタンホールを作って（→p.95）、ボタンをつける
⑪ パンツの後ろポケットを作ってつける（→p.59）
⑫ パンツの前ポケットを作る（→p.87）
⑬ パンツの脇を縫う（→p.87）
⑭ 股下を縫う（→p.87）
⑮ 裾を三つ折りにして縫う
⑯ 股上を前後続けて縫って、あきみせを作る（→p.88）
⑰ 身頃にギャザーを寄せて、ベルトと縫い合わせる（→p.69）
⑱ ベルトをパンツにつけ、ゴムテープを通す（→p.69）

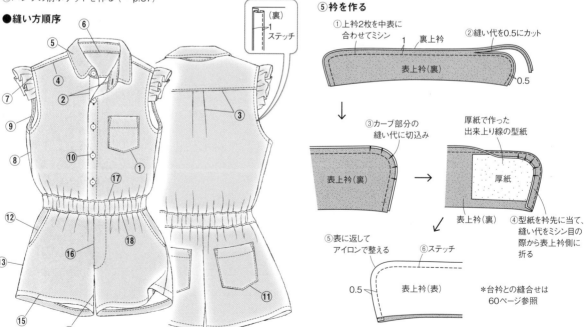

★=35.5／37.5／39.5／41.5／43.5

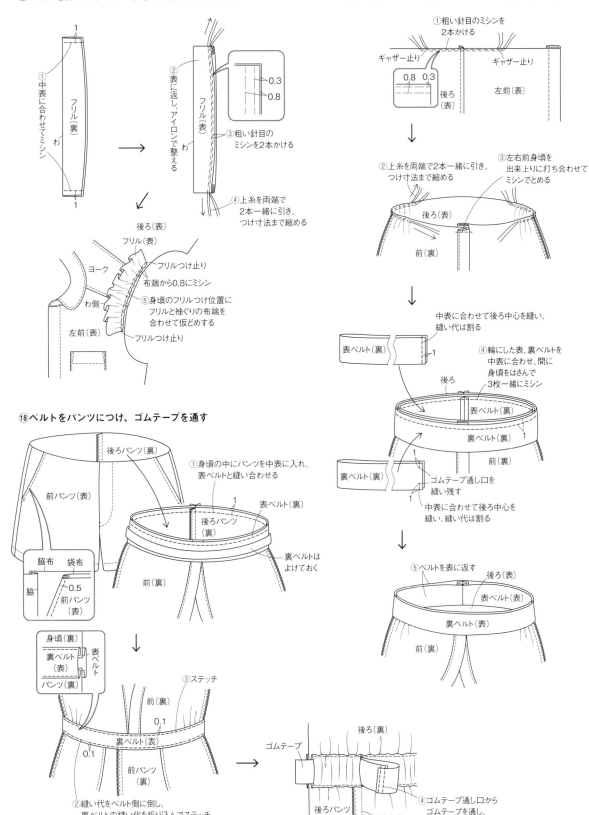

B-5 ベルトループつきハーフパンツ
--> p.26

B-3 コーデュロイショートパンツ
--> p.23

● 必要なパターン（実物大パターンB面）
前パンツ、後ろパンツ、ベルト、後ろポケット、脇布、袋布、前見返し、持出し
・ベルト通しは、裁合せ図で示した寸法を直接布地にしるして裁つ（B-5のみ）

● 材料（100／110／120／130／140サイズ）
B-5 ベルトループつきハーフパンツ
表布（合繊のピンストライプ）146cm幅 80cm／80cm／90cm／90cm／1m
薄手接着芯（前見返し、持出し分）20×15cm
接着テープ（前ポケット口分）1.5cm幅を30cm
ゴムテープ3cm幅を49cm／53cm／57cm／61cm／65cm
ファスナー長さ20cmを1本
ホック1組み

B-3 コーデュロイショートパンツ
表布（コーデュロイ）108cm幅 80cm／90cm／1m／1m／1.1m
別布（コットン）40×25cm
薄手接着芯（前見返し、持出し分）20×15cm
接着テープ（前ポケット口分）1.5cm幅を30cm
ゴムテープ3cm幅を49cm／53cm／57cm／61cm／65cm
ファスナー長さ20cmを1本
ホック1組み

● 縫う前の準備
・前見返し、持出しの裏面に接着芯をはる
・前ポケットの縫い代裏面に接着テープをはる
・前見返しの外回り、裾（B-5のみ）、股上、股下の縫い代、ベルト通しの片端（B-5のみ）に布の表面からジグザグミシンをかける
・裾、ベルト、後ろポケット口をアイロンで三つ折りにする

● 縫い方
①後ろポケットを作ってつける（→p.71）
②前ポケットを作る（→p.71+p.87）
③前タックをたたむ（→p.71）
④脇を縫う（→p.87）
⑤股下を縫う（→p.87）
⑥B-5は裾を折って縫い、ダブルに折る（→p.71）、B-3は三つ折りにして縫う
⑦股上を前後続けて縫って、前ファスナーあきを作る（→p.72）
⑧ベルトをパンツにつけ、ゴムテープをつける（→p.73）
⑨B-5はベルト通しを作ってつける（→p.75）
⑩ホックをつける

● 裁合せ図
＊指定以外の縫い代は1cm
　　は裏に接着芯・接着テープをはる
前見返しのパターンは布の裏面に置くので、裏返して置く

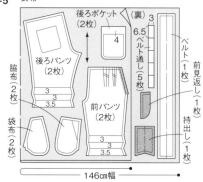

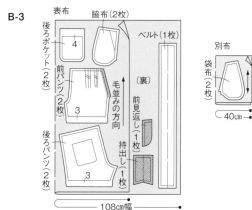

● 縫う前の準備
B-5の場合（B-3の裾は86ページ参照）

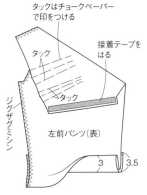

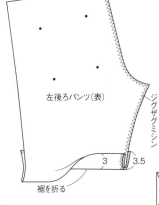

＊右パンツも同様に準備する

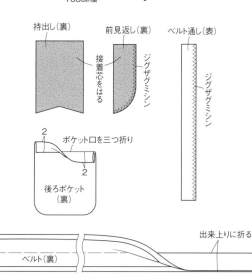

● 縫い方順序

B-5

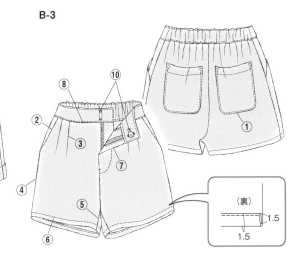

B-3

① 後ろポケットを作ってつける

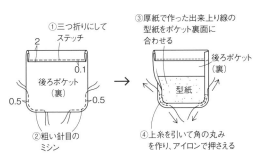

② 前ポケットを作る

＊B-3は87ページ「②前ポケットを作る」の手順で作りますが、
B-5はポケット口にステッチをかけるので、手順④からは下図を参照

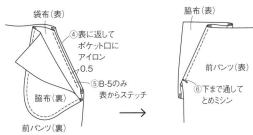

③ 前タックをたたむ

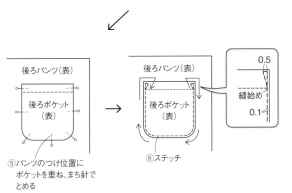
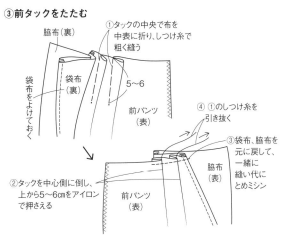

⑥ B-5は裾を折って縫い、ダブルに折る

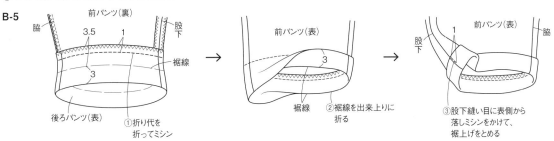

⑦股上を前後続けて縫って、前ファスナーあきを作る

⑧ベルトをパンツにつけ、ゴムテープをつける
*分かりやすいようにベルトつけは平らな状態にして説明しています

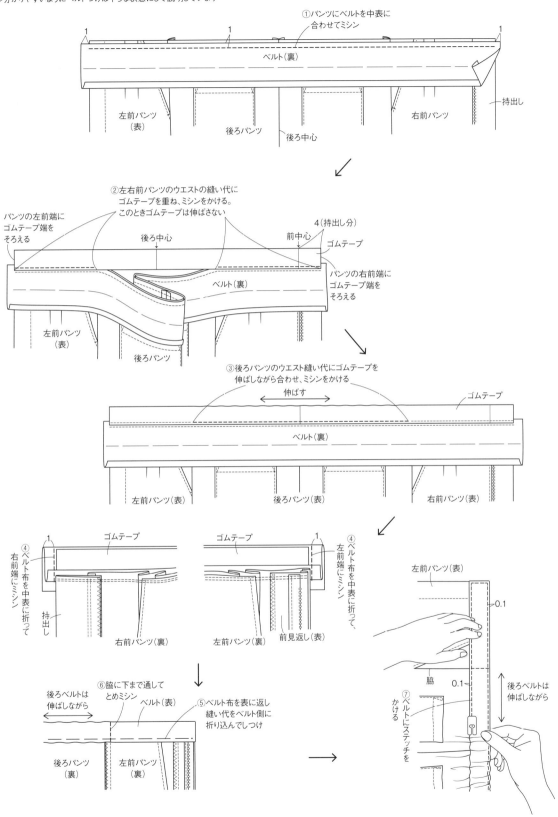

B-1 ドット柄パンツ
--> p.21

● **必要なパターン**（実物大パターンB面）
前パンツ、後ろパンツ、ベルト、後ろポケット、脇布、袋布

● **材料**（100／110／120／130／140サイズ）
表布（リネン）110cm幅 1.1m／1.2m／1.3m／1.4m／1.5m
別布（コットン）40×25cm
接着テープ（前ポケット口分）1.5cm幅を30cm
ゴムテープ 3cm幅を 46cm／50cm／54cm／58cm／62cm

● **縫う前の準備**
・前ポケットの縫い代裏面に接着テープをはる
・股下の縫い代に布の表面からジグザグミシンをかける
・裾、後ろポケット口をアイロンで三つ折りにする

● **縫い方**
①後ろポケットを作ってつける（→p.71）
②前ポケットを作る（→p.87）
③前タックをたたむ（→p.71）
④脇を縫う（→p.87）
⑤股下を縫う（→p.87）
⑥裾を三つ折りにして縫う
⑦股上を前後続けて縫って、あきみせを作る（→p.88）
⑧ベルトの前中心を縫う（→p.88）
⑨ベルトをパンツにつけ（→p.88）、
　ゴムテープを通す（→p.74）

● **縫い方順序**

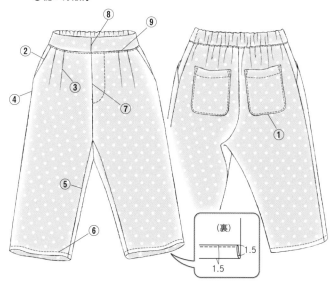

● **裁合せ図**

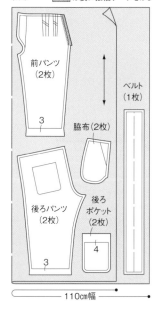

⑨ベルトをパンツにつけ、ゴムテープを通す

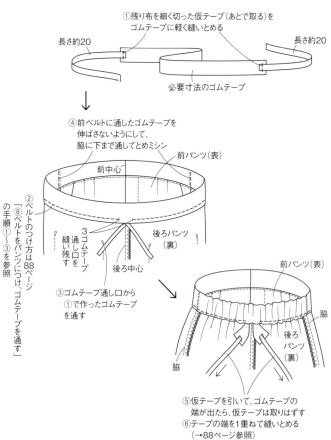

B-2 デニムパンツ
--> p.22

● **必要なパターン（実物大パターン B,D 面）**
B 面…前パンツ、後ろパンツ、ベルト、脇布、袋布
D 面…後ろポケット
・ベルト通しは、裁合せ図で示した寸法を直接布地にしるして裁つ

● **材料（100 / 110 / 120 / 130 / 140 サイズ）**
表布（デニム）116cm幅 1.2m / 1.3m / 1.5m / 1.6m / 1.7m
別布（コットン）40×25cm
接着テープ（前ポケット口分）1.5cm幅を30cm
ゴムテープ 3cm幅を46cm / 50cm / 54cm / 58cm / 62cm
・ステッチは 20 番（茶色）のミシン糸を使用

● **縫う前の準備**
・前ポケットの縫い代裏面に接着テープをはる
・股下の縫い代、ベルト通しの片端に布の表面からジグザグミシンをかける
・裾、後ろポケット口をアイロンで三つ折りにする

● **縫い方**
①後ろポケットを作ってつける（→ p.59）
②前ポケットを作る（→ p.75+p.87）
③前タックをたたむ（→ p.71）
④脇を縫う（→ p.87）
⑤股下を縫う（→ p.87）
⑥裾を三つ折りにして縫う
⑦股上を前後続けて縫って、あきみせを作る（→ p.88）
⑧ベルトの前中心を縫う（→ p.88）
⑨ベルトをパンツにつけてステッチをかけ、
　ゴムテープを通す（→ p.88）
　ウエストベルトにステッチをかける
⑩ベルト通しを作ってつける（→ p.75）

● **裁合せ図**

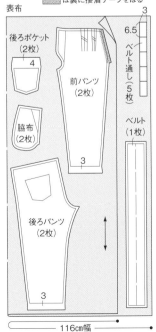

● **縫い方順序**

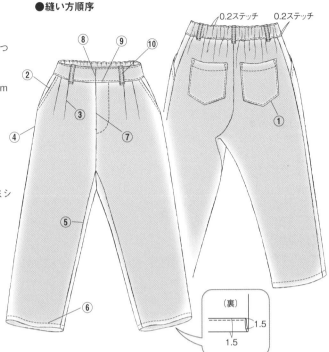

② **前ポケットを作る**
＊縫い方の手順①〜③は87ページ「②前ポケットを作る」を参照

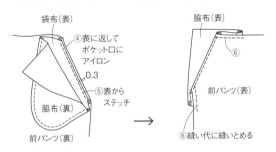

⑩ **ベルト通しを作ってつける**

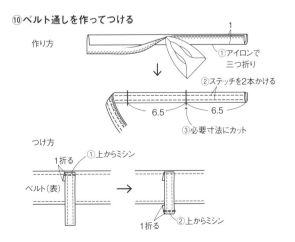

B-4 サスペンダーパンツ
→ p.24

●必要なパターン（実物大パターンB面）
前パンツ、後ろパンツ、ベルト、後ろポケット、脇布、袋布、サスペンダー、フリル

●材料（100／110／120／130／140サイズ）
表布（綿麻のダンガリー）110cm幅 1.3m／1.4m／1.5m／1.7m／1.8m
別布（コットン）40×25cm
接着テープ（前ポケット口分）1.5cm幅を30cm
ゴムテープ3cm幅を46cm／50cm／54cm／58cm／62cm
ボタン直径1.5cmを2個
丸ゴムひも6cm

●縫う前の準備
・前ポケットの縫い代裏面に接着テープをはる
・股下の縫い代に布の表面からジグザグミシンをかける
・裾、後ろポケット口をアイロンで三つ折りにする

●縫い方
①後ろポケットを作ってつける（→p.71）
②前ポケットを作る（→p.87）
③前タックをたたむ（→p.71）
④脇を縫う（→p.87）
⑤股下を縫う（→p.87）
⑥裾を三つ折りにして縫う
⑦股上を前後続けて縫って、あきみせを作る（→p.88）
⑧ベルトの前中心を縫う（→p.88）
⑨ベルトをパンツにつけ（→p.88）、ゴムテープを通す（→p.74）
⑩サスペンダーを作ってつける（→p.76）

●縫い方順序

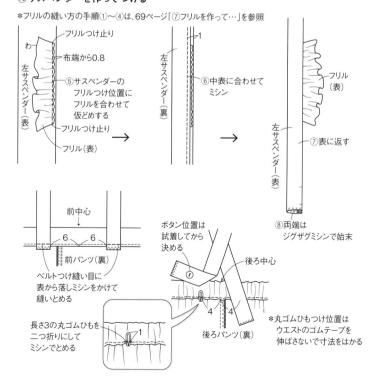

●裁合せ図

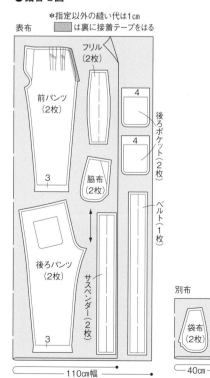

C-1 ヘンリーネックシャツ
--> p.31

C-3 ヘンリーネック半袖シャツ
--> p.34

●必要なパターン（実物大パターン C 面）
前、後ろ、袖、右前短冊布、左前短冊布、
前衿ぐり布、後ろ衿ぐり布

●材料（100 / 110 / 120 / 130 / 140 サイズ）
C-1 ヘンリーネックシャツ
表布（リネン）100㎝幅 1m ／ 1.1m ／ 1.2m ／
1.2m ／ 1.3m
薄手接着芯（短冊布、衿ぐり布分）90㎝幅 20㎝
ボタン直径 1.2㎝を 3 個

C-3 ヘンリーネック半袖シャツ
表布（綿麻ストライプ）110㎝幅 90㎝／ 90㎝／
1m ／ 1.1m ／ 1.1m
薄手接着芯（短冊布、衿ぐり布分）90㎝幅 20㎝
ボタン直径 1.1㎝を 3 個

●縫う前の準備
・肩、脇、袖下の縫い代に布の表面から
　ジグザグミシンをかける
・短冊布、衿ぐり布の裏面に接着芯をはる
・袖口と裾をアイロンで三つ折りにする

●縫い方
①肩を縫う（→ p.78）
②衿ぐり布の肩を縫い、衿ぐりにつける（→ p.79）
③前短冊あきを作る（→ p.78）
④袖を身頃につける（→ p.79）
⑤袖下と脇を続けて縫う（→ p.79）
⑥袖口を始末する。C-1 は袖口を三つ折りにして縫い、
　C-3 は袖口を折って縫い、カフスをたたむ（→ p.79）
⑦スリットを縫う
⑧裾を三つ折りにして縫う（→ p.79）
⑨ボタンホールを作って（→ p.95）、ボタンをつける

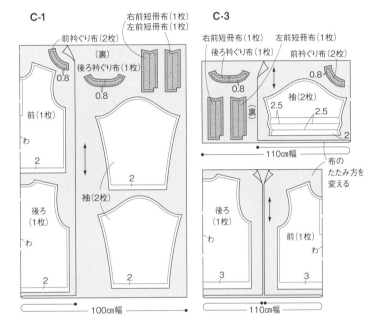

●縫う前の準備
C-1 の場合

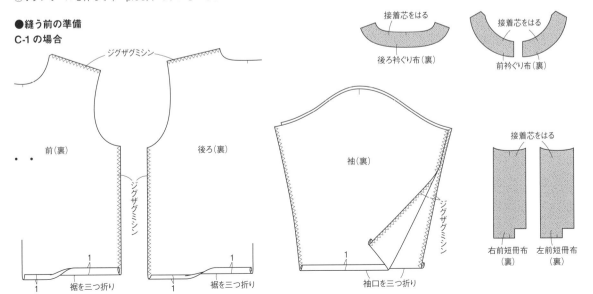

●縫い方順序

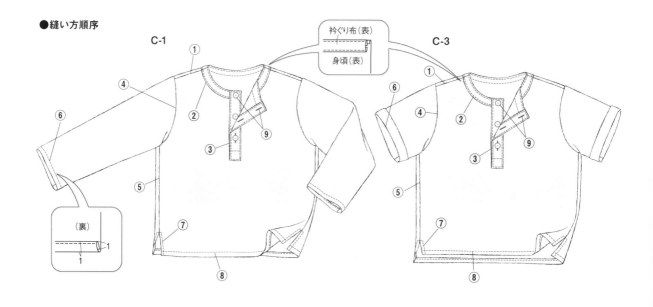

①肩を縫う

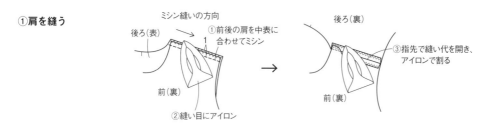

③前短冊あきを作る

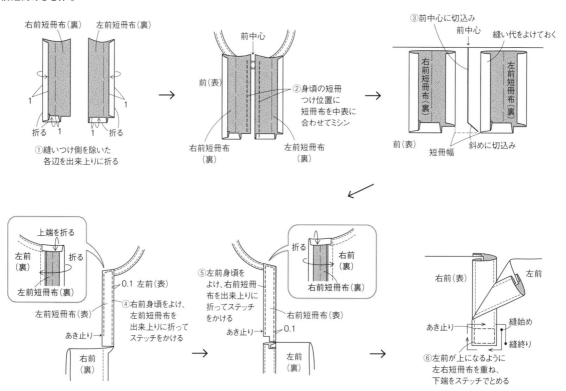

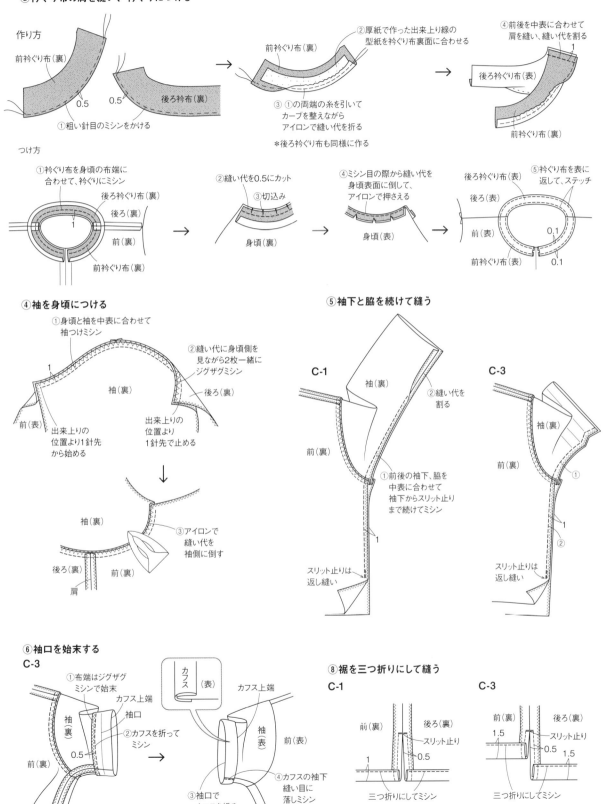

C-2 スモックブラウス
→ p.32

●必要なパターン（実物大パターンC面）
前、後ろ、袖、前後ペプラム、前見返し、後ろ見返し

●材料（100／110／120／130／140サイズ）
表布（コットン）108cm幅 1.1m／1.2m／1.3m／1.4m／1.5m
薄手接着芯（見返し分）90cm幅 20cm
スナップ直径0.8cmを1組み

●縫う前の準備
・見返しの裏面に接着芯をはる
・身頃の肩、脇、ペプラムの脇、袖下の縫い代に布の表面からジグザグミシンをかける
・袖口、裾をアイロンで三つ折りにする

●縫い方
① 肩を縫う（→p.78）
② 見返しの肩を縫う（→p.81）
③ 身頃に見返しを合わせて、衿ぐりと後ろあきを縫う（→p.81）
④ 袖を身頃につける（→p.79）
⑤ ペプラムにギャザーを寄せて、身頃につける（→p.80）
⑥ 袖下と脇を続けて縫う（→p.80）
⑦ 袖口を三つ折りにして縫う
⑧ 裾を三つ折りにして縫う
⑨ スナップをつける

●縫い方順序

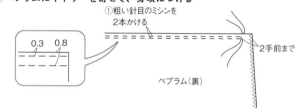

●裁合せ図
※指定以外の縫い代は1cm
▨は裏に接着芯をはる

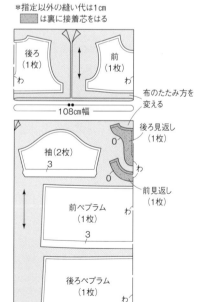

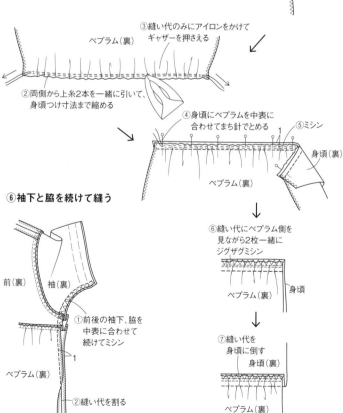

C-5 ポケットつきブラウス
--> p.36

● **必要なパターン（実物大パターンC面）**
前、後ろ、袖、ポケット、前見返し、後ろ見返し

● **材料（100 / 110 / 120 / 130 / 140 サイズ）**
表布（コットン）110cm幅 1m / 1m / 1.1m / 1.2m / 1.2m
薄手接着芯（見返し分）90cm幅 20cm
スナップ直径 0.8cmを 1 組み

● **縫う前の準備**
・見返しの裏面に接着芯をはる
・肩、脇、袖下の縫い代に布の表面から
　ジグザグミシンをかける
・袖口、裾、ポケット口をアイロンで三つ折りにする

● **縫い方**
① ポケットを作ってつける
② 肩を縫う（→ p.78）
③ 見返しの肩を縫う（→ p.81）
④ 身頃に見返しを合わせて、
　衿ぐりと後ろあきを縫う（→ p.81）
⑤ 袖を身頃につける（→ p.79）
⑥ 袖下と脇を続けて縫う
⑦ 袖口を三つ折りにして縫う
⑧ 裾を三つ折りにして縫う
⑨ スナップをつける

● **縫い方順序**

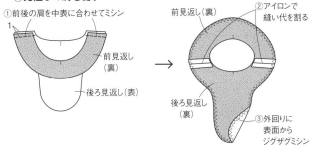

● **裁合せ図**

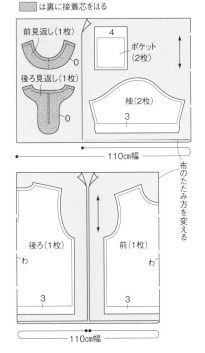

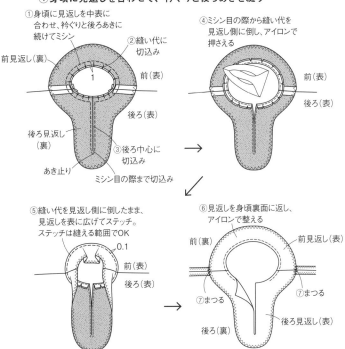

C-4 切替えワンピース
--> p.34

● **必要なパターン**（実物大パターン C, A 面）
C 面…前、後ろ、袖、前後スカート、前見返し、後ろ見返し
A 面…袋布

● **材料**（100／110／120／130／140 サイズ）
表布（リネン）110cm幅 1.1m／1.2m／1.3m／1.4m／1.5m
薄手接着芯（見返し分）90cm幅 20cm
接着テープ（右前ポケット口分）1.5cm幅 15cm
玉レース1cm幅を 2.2m／2.3m／2.5m／2.6m／2.7m
ゴムテープ 0.6cm幅をウエストには 62cm／64cm／66cm／68cm／70cm、袖口には 51cm／53cm／55cm／57cm／59cm
スナップ直径 0.8cmを1組み

● **縫う前の準備**
・見返しの裏面に接着芯をはる
・右前ポケット口の縫い代裏面に接着テープをはる
・身頃の肩、脇、スカートの脇、裾、袖下、袋布の脇縫い代に布の表面からジグザグミシンをかける
・袖口は三つ折りにし、裾は出来上りにそれぞれアイロンで折る

● **縫い方**
①肩を縫う（→p.78）
②見返しの肩を縫う（→p.81）
③身頃に見返しを合わせて、衿ぐりと後ろあきを縫う（→p.82）
④袖を身頃につける（→p.79）
⑤スカートにギャザーを寄せて、身頃につける（→p.80）
⑥ウエストにゴムテープを縫いつける（→p.83）
⑦袖下と脇を続けて縫い、右脇にポケットをつける（→p.83）
⑧袖口を三つ折りにして縫い、ゴムテープを通す（→p.83）
⑨裾を折って縫う
⑨スナップをつける

● **裁合せ図**
＊指定以外の縫い代は1cm

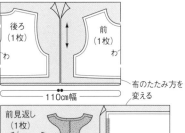

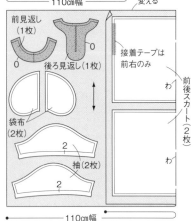

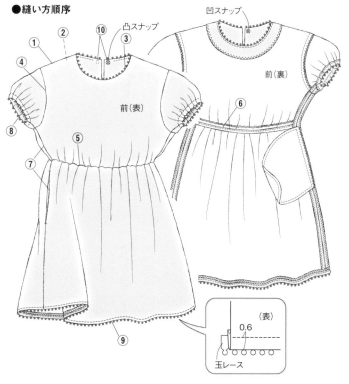

③身頃に見返しを合わせて、衿ぐりと後ろあきを縫う

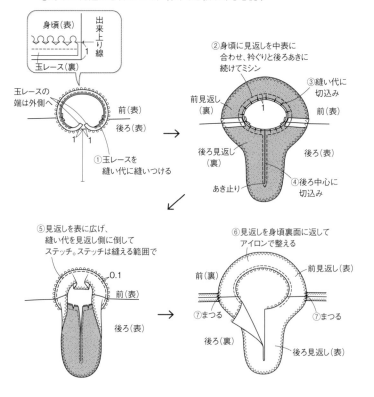

⑥ ウエストにゴムテープを縫いつける

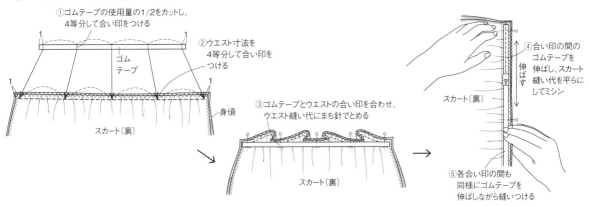

⑦ 袖下と脇を続けて縫い、右脇にポケットをつける

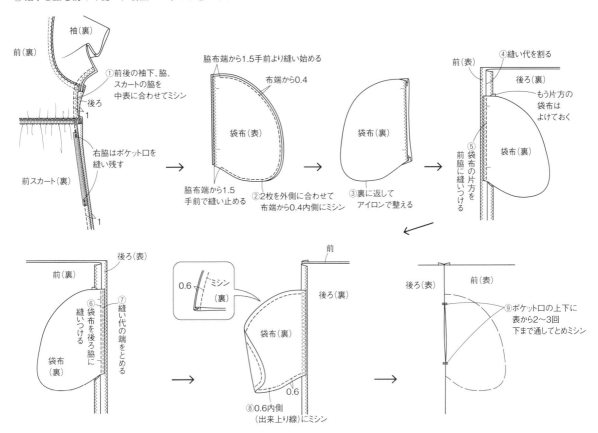

⑧ 袖口を三つ折りにして縫い、ゴムテープを通す

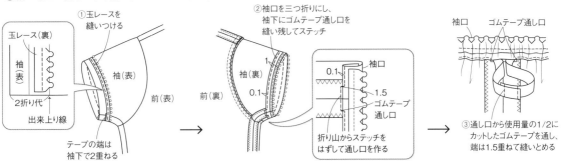

C-6 フリル袖のワンピース
→ p.38

●必要なパターン（実物大パターン C, A面）
C面…前、後ろ、袖、前見返し、後ろ見返し　A面…袋布

●材料（100 / 110 / 120 / 130 / 140 サイズ）
表布（コットンダブルガーゼ）106cm幅 1m / 1.1m / 1.2m / 1.3m / 1.4m
別布（コットン）40×25cm
薄手接着芯（見返し分）90cm幅 20cm
接着テープ（右前ポケット口分）1.5cm幅を15cm
リボン 0.6cm幅を 90cm / 1m / 1.1m / 1.2m / 1.3m
スナップ直径 0.8cmを1組み

●身頃と袖パターンの切開き方と置き方
各パターンの切開き線をカットし、布の上に指定寸法だけ平行にあけて置く。離れた部分の線はつなげておく。指定の材料の場合 120～140 サイズの身頃は☆の切開き分をあけると布幅が足りなくなるので少なく切り開いて調節するか、着丈＋縫い代分を追加で用意する、または幅の広い布を使用する

●縫う前の準備
・見返しの裏面に接着芯をはる
・右前ポケット口の縫い代裏面に接着テープをはる
・肩、脇、袖下、袋布の脇の縫い代に布の表面からジグザグミシンをかける
・袖口、裾をアイロンで三つ折りにする

●縫い方
①肩を縫う（→ p.78）
②見返しの肩を縫う（→ p.81）
③身頃に見返しを合わせて、衿ぐりと後ろあきを縫う（→ p.81）
④袖にギャザーを寄せて、身頃につける（→ p.84）
⑤袖下と脇を続けて縫い（→ p.84）、右脇にポケットをつける（→ p.83）
⑥袖口を三つ折りにして縫う
⑦裾を三つ折りにして縫う
⑧スナップをつける

●縫い方順序

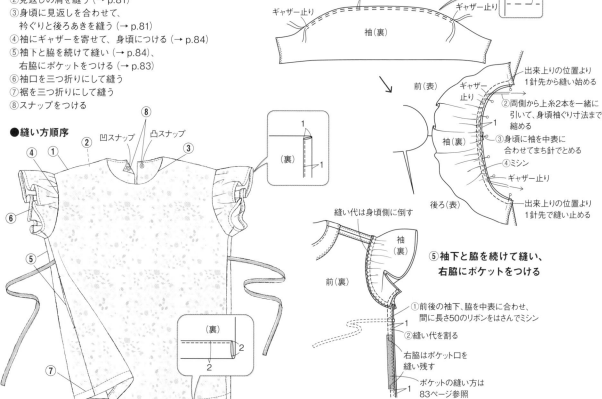

C-7 フリル衿のワンピース
-> p.40

●必要なパターン（実物大パターン C, A 面）
C面…前、後ろ、袖、フリル、前見返し、後ろ見返し
A面…前後スカート、袋布

●材料 (100 / 110 / 120 / 130 / 140 サイズ)
表布（綿ローン）110㎝幅 1.7m / 1.8m / 1.9m / 2m / 2.1m
別布（コットン）40×25㎝
薄手接着芯（見返し分）90㎝幅 20㎝
接着テープ（右前ポケット口分）1.5㎝幅 15㎝
スナップ直径 0.8㎝を1組み

●袖パターンの切開き方と置き方
パターンの切開き線をカットし、布の上に指定寸法だけ
平行にあけて置く。離れた部分の線はつなげておく

●縫う前の準備
・見返しの裏面に接着芯をはる
・右前ポケット口の縫い代裏面に接着テープをはる
・身頃の肩、スカートの脇、袖下、袋布の脇の縫い代に布
　の表面からジグザグミシンをかける
・袖口、裾はアイロンで三つ折りにする

●縫い方
①肩を縫う（→ p.78）
②見返しの肩を縫う（→ p.81）
③フリルにギャザーを寄せて身頃に重ね、
　衿ぐりと後ろあきを縫う（→ p.85）
④袖にギャザーを寄せて、身頃につける（→ p.84）
⑤スカートにギャザーを寄せて、身頃につける（→ p.80）
⑥袖下と脇を続けて縫い、右脇にポケットをつける（→ p.83）
⑦袖口を三つ折りにして縫う
⑧裾を三つ折りにして縫う
⑨スナップをつける

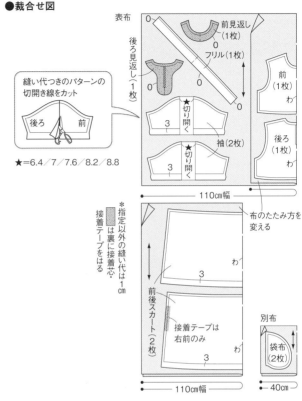

●縫い方順序

③フリルにギャザーを寄せて身頃に重ね、衿ぐりと後ろあきを縫う

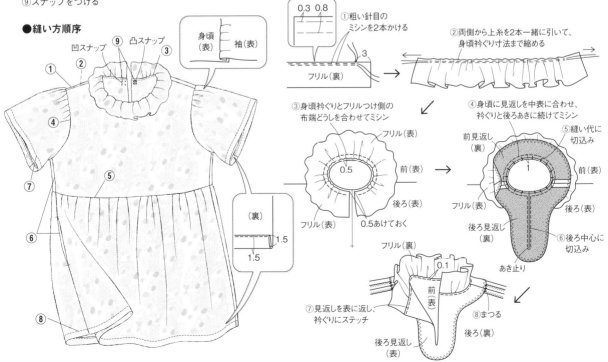

D-1 チェック柄ハーフパンツ
--> p.45

D-4 チノパン
--> p.48

●必要なパターン（実物大パターン D, B 面）
D 面…前パンツ、後ろパンツ、ベルト、後ろポケット
B 面…脇布、袋布

●材料（100／110／120／130／140 サイズ）
D-1 チェック柄ハーフパンツ
表布（コットン）110cm幅 80cm／90cm／1m／1.1m／1.2m
別布（コットン）40×25cm
接着テープ（前ポケット口分）1.5cm幅を 30cm
ゴムテープ 3cm幅を 46cm／50cm／54cm／58cm／62cm

D-4 チノパン
表布（チノストレッチ）140cm幅 80cm／90cm／1.1m／1.2m／1.3m
別布（コットンダンガリー）40×25cm
接着テープ（前ポケット口分）1.5cm幅を 30cm
ゴムテープ 3cm幅を 46cm／50cm／54cm／58cm／62cm

●縫う前の準備
・前ポケットの縫い代裏面に接着テープをはる
・股下の縫い代に布の表面からジグザグミシンをかける
・裾、後ろポケット口をアイロンで三つ折りにする

●縫い方
①後ろポケットを作ってつける（→p.59）
②前ポケットを作る（→p.87）
③脇を縫う（→p.87）
④股下を縫う（→p.87）
⑤裾を三つ折りにして縫う
⑥股上を前後続けて縫って、あきみせを作る（→p.88）
⑦ベルトの前中心を縫う（→p.88）
⑧ベルトをパンツにつけ、ゴムテープを通す（→p.88）

●裁合せ図
＊指定以外の縫い代は1cm
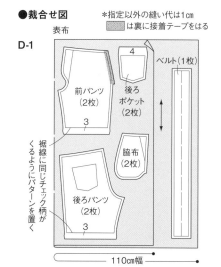

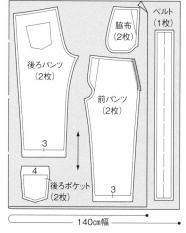

●縫う前の準備
D-1 の場合（D-4 も同様）
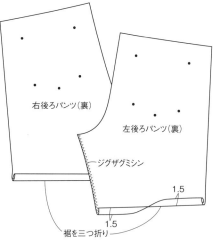

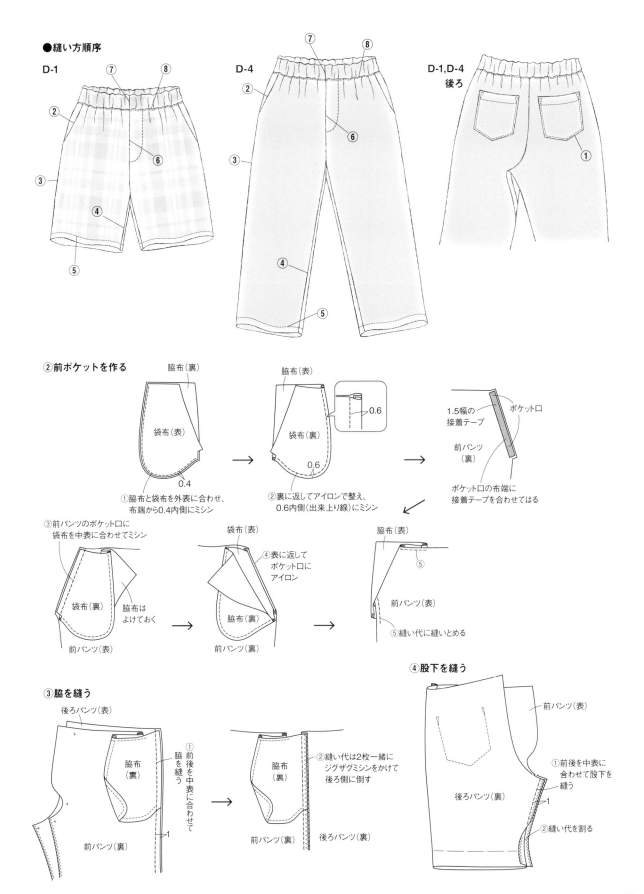

⑤股上を前後続けて縫って、あきみせを作る

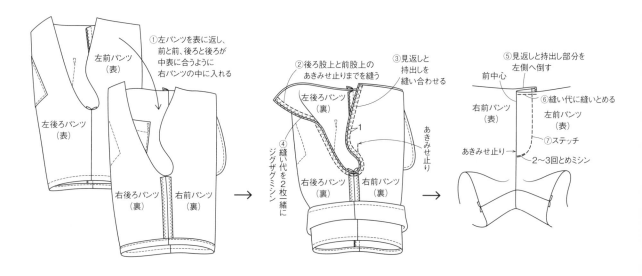

⑦ベルトの前中心を縫う

⑧ベルトをパンツにつけ、ゴムテープを通す

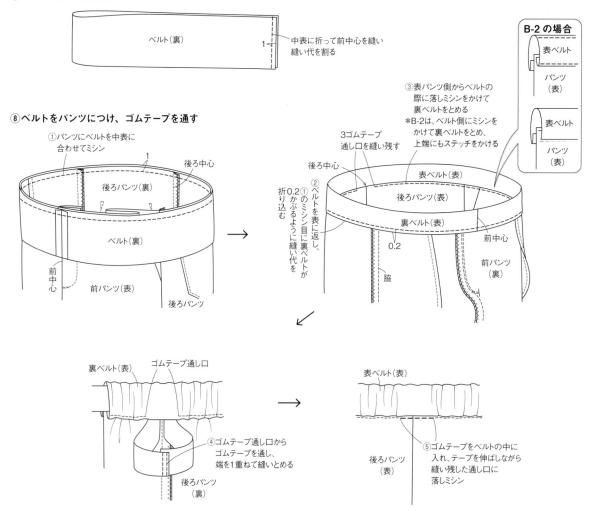

D-3 カーゴハーフパンツ
--> p.47

●**必要なパターン（実物大パターン D,B 面）**
D 面…前パンツ、後ろパンツ、ベルト、後ろポケット
B 面…脇ポケット、脇ポケット口布、脇布、袋布

●**材料（100 ／ 110 ／ 120 ／ 130 ／ 140 サイズ）**
表布(チノストレッチ)140cm幅 80cm／ 80cm／ 90cm／ 1m／ 1.1m
別布（コットン） 40 × 25cm
接着テープ（前ポケット口分） 1.5cm幅を 30cm
ゴムテープ 3cm幅を 46cm／ 50cm／ 54cm／ 58cm／ 62cm

●**縫う前の準備**
・前ポケットの縫い代裏面に接着テープをはる
・股下の縫い代に布の表面からジグザグミシンをかける
・裾、後ろポケット口をアイロンで三つ折りにする

●**縫い方**
①後ろポケットを作ってつける（→ p.59）
②前ポケットを作る（→ p.87）
③脇を縫う（→ p.87）
④脇ポケットを作ってつける（→ p.89）
⑤股下を縫う（→ p.87）
⑥裾を三つ折りにして縫う
⑦股上を前後続けて縫って、あきみせを作る（→ p.88）
⑧ベルトの前中心を縫う（→ p.88）
⑨ベルトをパンツにつけ、ゴムテープを通す（→ p.88）

●**縫い方順序**

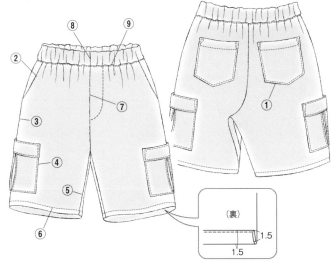

●**裁合せ図**

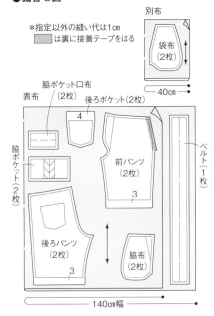

④**脇ポケットを作ってつける**

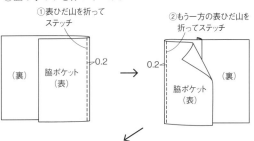

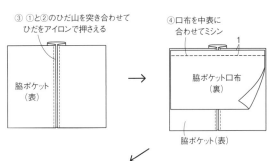

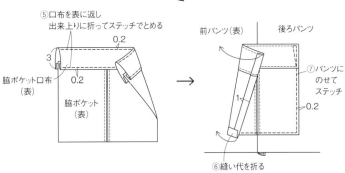

D-2 インナーパンツつきスカート
-> p.46

● **必要なパターン（実物大パターン D,A 面）**
D 面…前パンツ、後ろパンツ、前後ベルト、前後オーバースカート
A 面…袋布

● **材料（100／110／120／130／140 サイズ）**
表布（リネン）110cm幅 1.2m／1.3m／1.4m／1.5m／1.6m
別布（コットン）40 × 25cm
接着テープ（右前ポケット口分）1.5cm幅を 15cm
ゴムテープ 3cm幅を 46cm／50cm／54cm／58cm／62cm

● **縫う前の準備**
・オーバースカートの右前ポケットの縫い代裏面に
　接着テープをはる
・脇、股上、股下、オーバースカートの脇、袋布の脇の
　縫い代に布の表面からジグザグミシンをかける
・パンツの裾、オーバースカートの裾、後ろポケット口を
　アイロンで三つ折りにする

● **縫い方**
① パンツの脇を縫い、縫い代は割る
② 股下を縫う（→ p.87）
③ 裾を三つ折りにして縫う
④ 股上を前後続けて縫い、縫い代は割る
⑤ オーバースカートの脇を縫って、
　右脇にポケットを作る（→ p.83）
⑥ オーバースカートの裾を三つ折りにして縫う
⑦ オーバースカートにギャザーを寄せて、
　パンツと合わせる（→ p.90）
⑧ ベルトの脇を縫う。前後ベルトを
　中表に合わせて縫い、縫い代は割る
⑨ ベルトをパンツにつけ、ゴムテープを通す（→ p.88）

● **裁合せ図**

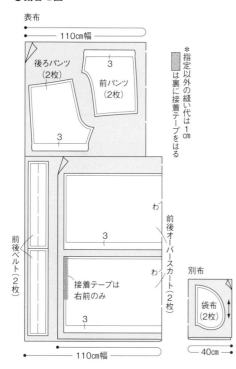

● **縫い方順序**

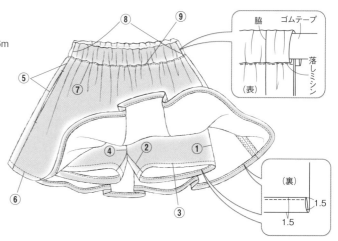

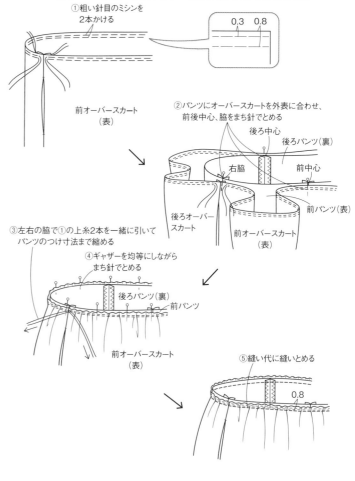

D-6 ベルトつきショートパンツ
--> p.52

● 必要なパターン（実物大パターン D, B 面）
D 面…前パンツ、後ろパンツ、ベルト、後ろポケット
B 面…脇布、袋布

● 材料 (100 / 110 / 120 / 130 / 140 サイズ)
表布（コーデュロイ）105cm幅 80cm / 90cm / 90cm / 1m / 1.1m
別布（コットン）40 × 25cm
接着テープ（前ポケット口分）1.5cm幅を 30cm
ゴムテープ 3cm幅を 46cm / 50cm / 54cm / 58cm / 62cm
差し込みバックル 2cm幅テープ用を 1 組み
テープ 2cm幅を 26cm

● 縫う前の準備
・前ポケットの縫い代裏面に接着テープをはる
・股下の縫い代に布の表面からジグザグミシンをかける
・裾、後ろポケット口をアイロンで三つ折りにする

● 縫い方
① 後ろポケットを作ってつける（→ p.59）
② 前ポケットを作る（→ p.87）
③ 脇を縫う（→ p.87）
④ 股下を縫う（→ p.87）
⑤ 裾を三つ折りにして縫う
⑥ 股上を前後続けて縫って、あきみせを作る（→ p.88）
⑦ ベルトの前中心を縫う（→ p.88）
⑧ ベルトをパンツにつけ、ゴムテープを通す（→ p.88）
⑨ 差し込みバックルをつける（→ p.91）

● 縫い方順序

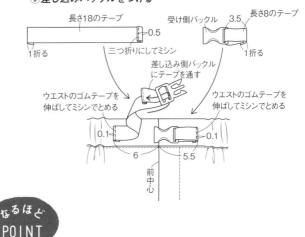

⑨ 差し込みバックルをつける

● 裁合せ図
*指定以外の縫い代は1cm
▨ は裏に接着テープをはる

コーデュロイは毛並みの方向をチェック
コーデュロイは毛並みがあるので、見る方向によって深い色合い（逆毛）や白っぽい色合い（なで毛）に見えます。裁ち合わせる前に布の表面を縦方向に上下になでてみたり、ハンガーに布をかけて色合いをチェック。後で迷わないように、布裏面にチョークペンで毛並み方向の矢印を書いておくといいでしょう。一般的には深い色合いになる逆毛に布地を置き、各パターンを布目の矢印が一方向にそろうように配置します。

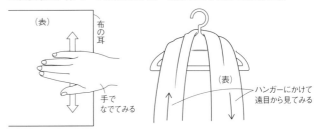

D-5 サロペットパンツ
→ p.50

●必要なパターン（実物大パターン D, B 面）
D面…前パンツ、後ろパンツ、前後ベルト、胸当て、サスペンダー、後ろポケット　B面…脇布、袋布

●材料（100／110／120／130／140 サイズ）
表布（リネン）110cm幅 1.3m／1.4m／1.5m／1.6m／1.7m
別布（コットン）40×25cm
接着テープ（前ポケット口分）1.5cm幅を30cm
ゴムテープ 3cm幅を 46cm／50cm／54cm／58cm／62cm
ボタン直径1.5cmを2個
丸ゴムひも 6cm

●パンツパターンの切開き方と置き方
前、後ろパターンの切開き線をカットし、布の上に指定寸法だけ平行にあけて置く。離れた部分の線はつなげておく。後ろポケット位置は指定し直す。

●縫う前の準備
・前ポケットの縫い代裏面に接着テープをはる
・股下の縫い代に布の表面からジグザグミシンをかける
・裾、後ろポケット口をアイロンで三つ折りにする

●縫い方
①後ろポケットを作ってつける（→ p.59）
②前ポケットを作る（→ p.87）
③脇を縫う（→ p.87）
④股下を縫う（→ p.87）
⑤裾を三つ折りにして縫う
⑥股上を前後続けて縫って、あきみせを作る（→ p.88）
⑦サスペンダーを作る（→ p.93）
⑧胸当てを作って、サスペンダーをつける（→ p.93）
⑨ベルトの後ろ中心を縫う（→ p.93）
⑩胸当てをベルトにつける（→ p.93）
⑪ベルトをパンツにつけ、丸ゴムひもをつけてゴムテープを通す（→ p.93）
⑫ボタンをつける（→ p.93）

●縫い方順序

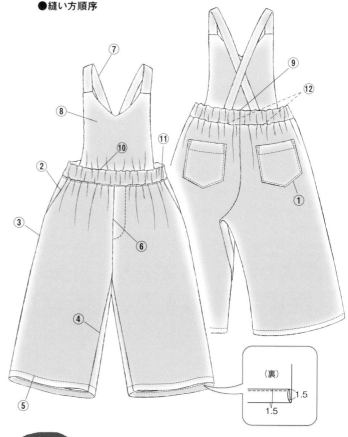

●裁合せ図

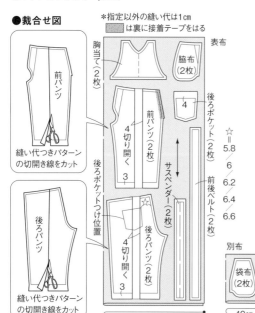

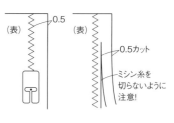

なるほどPOINT

裁ち端の始末
縫い方プロセスでよく出てくる「ジグザグミシン」は、ジグザグ縫いまたはミシンの裁ち目かがりでの始末を示しています。どちらも裁ち端のほつれどめとしてよく使う方法です。

ジグザグ縫い
普通の押え金でジグザグ縫いをしますが、裁ち端にかけると布端が巻き込まれて丸まってしまうので、指定の縫い代（裁合せ図での縫い代寸法）より0.5cm多く裁ち、裁ち端から0.5cm内側にジグザグ縫いをします。余分な縫い代はミシンの際をはさみでカットします。

裁ち目かがり
裁ち目かがり専用の押え金でジグザグ縫いをする方法。裁ち端の際にミシン針を落としても布端を巻き込まないので、直接裁ち端の始末ができます。

⑦サスペンダーを作る

①ミシン
（裏）
1
（裏）
②アイロンで縫い代を割る
（表）
（裏）
縫い代を斜めにカット
③細い棒を少しずつ差し込んで布を表に返す
④アイロンで整える
（表）

⑧胸当てを作って、サスペンダーをつける

①2枚の胸当てを中表に合わせ、間にサスペンダーをはさんでミシン
表胸当て
裏胸当て（裏）
1
サスペンダー
③縫い代に切込み
④胸当ての角の縫い代を切りとる
②縫い代に切込み
④表に返しアイロンで整える
表胸当て（表）

⑨ベルトの後ろ中心を縫う

表ベルト（裏）
1
裏ベルト（裏）
1.2
1.2
中表に合わせて後ろ中心を縫い縫い代は割る
ゴムテープ通し口を縫い残す

⑩胸当てをベルトにつける

①表裏ベルトを中表に合わせ、間に胸当てをはさんでミシン
1
後ろ中心
表ベルト（裏）
裏ベルト（裏）
前中心
裏胸当て（表）

↓

②表に返す
表ベルト（表）
裏ベルト（表）
裏胸当て（表）

裏ベルト
表ベルト
裏胸当て　表胸当て

⑪ベルトをパンツにつけ、丸ゴムひもをつけてゴムテープを通す

①パンツに表ベルトを中表に合わせてミシン
1
表ベルト（裏）
後ろパンツ（裏）
裏ベルトはよけておく
裏胸当て（表）
前パンツ（表）

表胸当て　裏胸当て
表ベルト　裏ベルト
パンツ（表）

↓

表胸当て（表）
③表パンツ側からベルトの際に落しミシンをかけて裏ベルトをとめる
表ベルト（表）
前パンツ（表）
裏ベルト（表）
0.2
後ろパンツ（裏）
ゴムテープ通し口
②ベルトを表に返し、①のミシン目に裏ベルトが0.2かぶるように縫い代を折り込む
⑤通し口からゴムテープを通し端は1重ねて縫いとめる

⑫ボタンをつける

ボタンは試着して位置を決める
表胸当て（表）
前パンツ（表）
後ろパンツ（裏）

◆=4.6／5／5.4／5.8／6.2
1
1
後ろ中心
④長さ3の丸ゴムひもを二つ折りにしミシンでとめる

93

[クレジット]

p.7 A-1
サロペット／リー（ストンプ・スタンプ）

p.9 A-2
靴／コンバース（コンバース インフォメーションセンター）

p.12 A-5
靴／シエンタ（アクビ）

p.15 A-6
パンツ／リー（ストンプ・スタンプ）
靴／コンバース（コンバース インフォメーションセンター）

p.16 A-7
靴／ソルトウォーター（アクビ）

p.18 STYLE 1
肩にかけたカーディガン／ＡＲＣＨ＆ＬＩＮＥ（アーチ）
靴／シエンタ（アクビ）

p.18 STYLE 2
靴／コンバース（コンバース インフォメーションセンター）

p.18 STYLE 3
スカート／シップス（シップス 二子玉川店） 靴／サヤン

p.18 STYLE 4
ベスト／サマンサモスモス ラーゴム（キャン カスタマーセンター）
パンツ／リー（ストンプ・スタンプ） 靴／ヴァンズ（ABC-MART）

p.19 STYLE 5
トップス／シップス、靴／ミネトンカ（ともにシップス 二子玉川店）

p.19 STYLE 6
サロペット／ＡＲＣＨ＆ＬＩＮＥ（アーチ）
靴／サマンサモスモス ラーゴム（キャン カスタマーセンター）

p.19 STYLE 7
ジャケット、パンツ、ボウタイ／すべてイーストエンドハイランダーズ
（ノーザンスカイ） 靴／ホーキンススポーツ（ABC-MART）

p.19 STYLE 8
スウェット／ＡＲＣＨ＆ＬＩＮＥ（アーチ）
靴／コンバース（ストンプ・スタンプ）

p.21 B-1
トップス／オルキデスール 靴／ソルトウォーター（アクビ）

p.22 B-2
トップス／オルキデスール 靴／サヤン

p.23 B-3
靴／コンバース（コンバース インフォメーションセンター）
リュック／シップス（シップス 二子玉川店）

p.24 B-4
靴／サヤン

p.26 B-5
トップス／ＡＲＣＨ＆ＬＩＮＥ（アーチ）
靴／コンバース（コンバース インフォメーションセンター）

p.28 STYLE 1
靴／サヤン

p.28 STYLE 2
靴／プリティ・バレリーナ（エフイーエヌ）

p.28 STYLE 3
靴／ヴァンズ（ABC－MART）
リュック／シップス（シップス 二子玉川店）

p.28 STYLE 4
トップス／シップス（シップス 二子玉川店） 靴／ソルトウォーター（アクビ）

p.29 STYLE 5
ニット／ＡＲＣＨ＆ＬＩＮＥ（アーチ） 靴／ヴァンズ（ABC-MART）

p.29 STYLE 6
靴／サヤン

p.29 STYLE 7
パーカー／シップス（シップス 二子玉川店）

p.29 STYLE 8
ワンピース／オルキデスール 靴／ソルトウォーター（アクビ）

p.32 C-2
靴／ソルトウォーター（アクビ）

p.34 C-3
パンツ／ＡＲＣＨ＆ＬＩＮＥ（アーチ）
靴／コンバース（コンバース インフォメーションセンター）

p.34 C-4
靴／サヤン

p.37 C-5
腰に巻いたシャツ／シップス（シップス 二子玉川店）
靴／コンバース（コンバース インフォメーションセンター）

p.40 C-7
靴／サヤン

p.42 STYLE 1
トップス／シップス（シップス 二子玉川店） 靴／サヤン

p.42 STYLE 2
パンツ／サマンサモスモス ラーゴム（キャン カスタマーセンター）
靴／テバ（デッカーズジャパン）

p.42 STYLE 3
スカート／ＡＲＣＨ＆ＬＩＮＥ（アーチ） 靴／サヤン

p.42 STYLE 4
パンツ／ＡＲＣＨ＆ＬＩＮＥ（アーチ）

p.43 STYLE 5
コート／ＡＲＣＨ＆ＬＩＮＥ（アーチ） 靴／プリティ・バレリーナ（エフイーエヌ）

p.43 STYLE 6
パンツ／シップス（シップス 二子玉川店） 靴／テバ（デッカーズジャパン）
リュック／カンケン（ストンプ・スタンプ）

p.43 STYLE 7
パンツ／ファブ（ノーザンスカイ） バッグ／ＡＲＣＨ＆ＬＩＮＥ（アーチ）
靴／シエンタ（アクビ）

p.43 STYLE 8
スカート／ＡＲＣＨ＆ＬＩＮＥ（アーチ） 靴／サヤン

p.45 D-1
トップス／ＡＲＣＨ＆ＬＩＮＥ（アーチ） 靴／シエンタ（アクビ）

p.46 D-2
トップス／コエ（コエ 自由が丘店） 靴／サヤン

p.47 D-3
トップス／ＡＲＣＨ＆ＬＩＮＥ（アーチ）

p.48 D-4
スウェット／ＡＲＣＨ＆ＬＩＮＥ（アーチ）

p.50 D-5
靴／サヤン

p.52　D-6
靴／シエンタ（アクビ）

p.54　STYLE 1
肩にかけたカーディガン／ARCH&LINE（アーチ）
靴／ソルトウォーター（アクビ）

p.54　STYLE 2
トップス／コエ（コエ 自由が丘店）
帽子／サマンサモスモス ラーゴム（キャン カスタマーセンター）
靴／プリティ・バレリーナ（エフイーエヌ）

p.54　STYLE 3
カーディガン／ファブ（ノーザンスカイ）
靴／シップス（シップス 二子玉川店）

p.54　STYLE 4
トップス／オルキデスール　靴／シエンタ（アクビ）

p.55　STYLE 5
帽子／リー（ストンプ・スタンプ）　靴／テバ（デッカーズジャパン）

p.55　STYLE 6
ニット／ファブ（ノーザンスカイ）　靴／サヤン

p.55　STYLE 7
コート／ARCH&LINE（アーチ）
トップス、靴／ともにサマンサモスモス ラーゴム
（キャン カスタマーセンター）

p.55　STYLE 8
靴／ヴァンズ（ABC－MART）
リュック／シップス（シップス 二子玉川店）

[ショップリスト]
アーチ　tel. 03-6804-6359
アクビ　tel. 0798-42-7573
ABC－MART　tel. 03-3476-5448
エフイーエヌ　tel. 03-3498-1642
オルキデスール　www.orchidees-soeurs.com
キャン カスタマーセンター　tel. 0120-112-961
コエ 自由が丘店　tel. 03-5726-9117
コンバース インフォメーションセンター　tel. 0120-819-217
サヤン　www.sayang-design.com
シップス 二子玉川店　tel. 03-5716-6346
ストンプ・スタンプ　tel. 03-5447-3486
デッカーズジャパン　tel. 0120-710-844
ノーザンスカイ　tel. 03-6804-6815
こちらの情報は、2017年3月現在のものです。

[布地提供]
A-1, C-7
丸十（リバティ）
福岡市博多区上川端町 11-275　tel. 092-281-1286
http://maru10.jp

A-2, 3, 5, 6, B-4, C-1, 4, 5, D-2, 5, 6
チェック&ストライプ　自由が丘店
東京都目黒区緑が丘 2-24-13-105　tel.03-6421-3200
http://checkandstripe.com

A-4
布屋のシゴト（フェリシモ）
tel.0570-005-820
http://www.nunoyanoshigoto.com

B-3, 5, D-3, 4
布地のお店 ソールパーノ
大阪市中央区平野町 2-1-10　tel.06-6233-1329
http://www.rakuten.co.jp/solpano/

C-2
ヒューモンガス
東京都荒川区東日暮里 3-28-4　tel. 03-6316-9707
http://shop.humongous-shop.com

C-6
コッカ（ナニイロ）
大阪市中央区備後町 2-4-6　tel.06-6201-2572
http://kokka-fabric.com

[布地協力]
C-3
チェック&ストライプ　自由が丘店
東京都目黒区緑が丘 2-24-13-105　tel.03-6421-3200
http://checkandstripe.com

[糸提供]
ミシン糸＝シャッペスパン 60 番、ロックミシン糸＝ハイスパンロック 90 番
フジックス
京都市北区平野宮本町 5　tel.075-463-8112
http://www.fjx.co.jp

本書で使用した布地は 2016 年に販売されていたものです。
売切れの場合はご容赦ください。

なるほどPOINT　ボタンホールの位置と大きさの決め方

一般的に女性用のボタンホールは右前に作ることが多いのですが、本書では女の子でも男の子でも着られるように左前にボタンホールを作っています。
実物大パターンの身頃と台衿、短冊布の前中心線上には"＋"の印でボタン位置のみを示しています。左前のボタンホールは、このボタン位置にボタンの大きさをはかって決めた寸法で印つけをします。

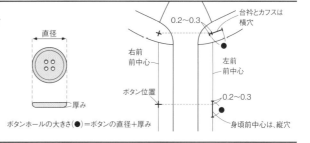

ボタンホールの大きさ（●）＝ボタンの直径＋厚み

佐藤かな　Kana Sato

スタイリスト。
東京生れ。明治学院大学文学部フランス文学科卒業。
スタイリスト梅山弘子氏に師事し、その後独立。雑誌や広告などを中心に活躍。裁縫好きとしても知られ、雑誌やワークショップで紹介する手作り服はセンスがいいと評判に。プライベートの着こなしもファン多数。
著書に『KANA'S STANDARD スタイリスト佐藤かなの簡単に作れて、とことん使える日常着』、『KANA'S STANDARD for kids スタイリスト佐藤かなが作る女の子に着せたい毎日の服』、『KANA'S STANDARD Ⅱ スタイリスト佐藤かなのシンプルパターンでとことん楽しむ服作り』（すべて文化出版局刊）、ほか多数。

ブックデザイン	石田百合絵（ME&MIRACO）
撮影（人物）	森脇裕介
撮影（静物）	横田裕美子（studio banban）
スタイリング	佐藤かな
ヘアメイク	高野智子
モデル	ディンター ヴィヴィアン、ドゥウインター ティム（Awesome）
パターン製作	土屋教之（アンドライン）
製作協力	黒川久美子　佐藤明子
作り方解説	山村範子
トレース	day studio ダイラクサトミ
パターングレーディング	上野和博
パタートレース	アズワン（白井史子）
DTPオペレーション	文化フォトタイプ
校閲	向井雅子
編集	薫森亮子 大沢洋子（文化出版局）

KANA'S STANDARD for kids Ⅱ

スタイリスト佐藤かなが作る男の子にも女の子にも着せたい服

2017年3月19日　第1刷発行

著　者	佐藤かな
発行者	大沼 淳
発行所	学校法人文化学園 文化出版局 〒151-8524 東京都渋谷区代々木3-22-1 電話 03-3299-2489（編集） 　　 03-3299-2540（営業）
印刷・製本所	株式会社文化カラー印刷

©Kana Yamagiwa 2017　Printed in Japan
本書の写真、カット及び内容の無断転載を禁じます。

・本書のコピー、スキャン、デジタル化等の無断複製は著作権法上での例外を除き、禁じられています。
　本書を代行業者等の第三者に依頼してスキャンやデジタル化することは、たとえ個人や家庭内での利用でも著作権法違反になります。
・本書で紹介した作品の全部または一部を商品化、複製頒布、及びコンクールなどの応募作品として出品することは禁じられています。
・撮影状況や印刷により、作品の色は実物と多少異なる場合があります。ご了承ください。

文化出版局のホームページ　http://books.bunka.ac.jp/